玛珈山法政文丛

主编：汪全胜　张　铭

13

实现法治的逻辑基础研究

张传新／著

On the Logical Foundation of Rule by Law

知识产权出版社
全国百佳图书出版单位

图书在版编目（CIP）数据

实现法治的逻辑基础研究/张传新著. —北京：知识产权出版社，2016.9
（玛珈山法政文丛/汪全胜，张铭主编）
ISBN 978-7-5130-4325-0

Ⅰ. ①实… Ⅱ. ①张… Ⅲ. ①社会主义法制—法律逻辑学—研究—中国
Ⅳ. ①D920.0

中国版本图书馆 CIP 数据核字（2016）第 168731 号

责任编辑：李学军　　**责任出版**：刘译文
装帧设计：刘　伟

实现法治的逻辑基础研究
张传新　著

出版发行：知识产权出版社有限责任公司		网　址：http：//www.ipph.cn	
社　址：北京市海淀区西外太平庄 55 号		邮　编：100081	
责编电话：15611868862		责编邮箱：752606025@qq.com	
发行电话：010-82000860 转 8101/8102		发行传真：010-82000893/82005070/82000270	
印　刷：三河市国英印务有限公司		经　销：各大网上书店、新华书店及相关专业书店	
开　本：787mm×1092mm　1/16		印　张：12.25	
版　次：2016 年 9 月第 1 版		印　次：2016 年 9 月第 1 次印刷	
字　数：196 千字		定　价：46.00 元	

ISBN 978-7-5130-4325-0

玛珈山法政文丛
编辑委员会

总 序

山东大学（威海）法学院是年轻的法学院。说它年轻，一是成立的时间很短，比不上动辄百年或者少说几十年历史的法学院，如果从1994年山东大学威海校区筹建法律系招收经济法专科起算，2014年才迎来它的20年诞辰。如果说有“法学院”名称，那也就是不到10年的时间。2004年，威海校区院系整合，设“法学院”，将原马列部的行政管理专业、社会工作专业并到法律系，建法学院，由谢晖教授出任法学院首任院长。二是师资队伍年轻，平均年龄据我估算，可能也就是40岁左右吧。目前，法学院教职员工70余人，除原有师资以外，对学院师资引进作出贡献的有两位人物：一位是从河南大学来山东大学威海校区任法律系主任的陈金钊教授，学科初建、专业方兴，陈金钊教授引进了不少人才；另一位就是谢晖教授，2004年及其后几年，其广纳国内高校的青年才俊。法学院的人才引进不仅引起了国内的注目，更是成效显著。自2004年始，科研产出占整个威海校区文科学科的一半甚至还多，是山东大学威海校区乃至山东大学的增长点。年轻，不等于没有资历。在这20年的发展过程中，一些学科、一些学者在国内渐有声望，法律方法论研究中心2006年被批准为山东省人文社会科学重点基地，逐渐形成了一支职称结构、年龄结构、学历结构、学缘结构都比较合理的学术团队；陈金钊、谢晖、焦宝乾、桑本谦等学者在国内学术界的影响日显，陈金钊、谢晖被称为著名法学家也不为过。山东大学（威海）法学院的声誉、影响力并不比那些有一定历史的法学院低或小，说起山东大学（威海），至少在法学界，会让人联想到山东大学（威海）法学院吧。

学院的发展离不开人才，学科的发展也离不开人才，没有人才或者没有很好的人才成长平台，发展从何谈起?! 山东大学（威海）法学院一方面继续延揽人才，为他们创造良好的成长环境，另一方面对于现有人才也想方设法给他们成长的空间，让他们在威海生活得开心、舒心、放心。威海是最适宜人居的城市，但是仅有这样的自然环境还是远远不够的。这几年，一些人追求更高的平台、更大的发展空间，离开威海。先有主张“华夏多元学术文化格局”，不赞成“大家者流，争聚京华皇城脚下”的谢晖教授北上京城；再有为法律系初建、迎着重重困难顶着种种阻力而发展学科、提升层次的陈金钊教授南下华政；还有如罗洪洋教授、桑本谦教授、谢维雁教授、董学立教授、苗金春教授诸君，或东奔，或西走。诚然，人才流动是一种正常现象，但是对我们山东大学（威海）法学院来说未尝不是一种损失，甚至是巨大的损失。

人才、学科是山东大学（威海）法学院发展的着力点。法学院现已形成了法律方法论重点学科、刑法学科、国际法学科、政治学科、立法学科、行政管理学科等学群，一些青年才俊也迅速成长。2013 年，山东大学威海校区启动学科建设资金，对法律方法论学科给予重点扶持。自 2014 年始，法律方法论作为一个专业，将独立招收博士研究生，这是一个很好的发展机遇，也是我院学科发展的良好平台。法律方法论学科（基地）有了学校的支持，有了该学术团队的精诚合作，我相信，该学科还有更大的发展空间。学校学科政策扶强不扶弱，但对于学院来讲，除了重点学科之外，还有更多其他的学科，也需要有一定的政策与经费支持，不能发展一个学科，其他学科就不再考虑了。目前，除了法律方法论学术团队以外，我院其他各专业、各学科人才成长也很快，每年都有教师博士毕业，或主持省部级以上课题。随之，博士论文或课题成果的出版也面临问题。如何扶植这些成长的学科，如何扶持这些年轻才俊，让他们尽快成长，更重要的是，将这些成果推向社会，扩大法学院的影响，这些问题亟须规划与考虑。在这样的背景下，法学院学术委员会经过商议，决定设立“玛珈山法政文丛”，资助年轻教师学术著作的出版，以振兴法学院的学术，继续保持或扩大法学院的发展强势。

这里我首先要感谢知识产权出版社的李学军编辑，因为他的促成与努力，我们才能够将出版文丛的想法付诸实施。法学院与知识产权出版社共同策划、出版“玛珈山法政文丛”，每年计划出版3～5本，为我院青年才俊提供成果展示的平台。我相信，“玛珈山法政文丛”的出版，一方面会为我国学术研究增加些许色彩，另一方面也为学界同仁了解山东大学（威海）法学院、山东大学（威海）的学人，提供一个很好的窗口。

本文丛的出版，得到了知识产权出版社特别是李学军编辑的大力支持与帮助，也得到了山东大学（威海）学科发展经费的资助，在此，特表示诚挚的谢意！

汪全胜

于威海玛珈山下枕涛书斋

2013年11月17日

前　言

随着我国法治实践和理论研究的稳步推进，一些学者提出了法学研究的方法论转向。[1] 这些学术先行者们筚路蓝缕，确立了法律方法论学科的概念范畴、框架体系、学术范式和基本进路，为该学科的进一步发展和繁荣奠定了坚实的基础。然而，该学科的发展也受到了来自不同方面的质疑和挑战，其中之一是我国法治建设的初级阶段现实与理论界流行的后现代语境的内在张力而导致的法律方法论研究取向的冲突。在后现代的语境下，法治失去了传统的理性基础，一些基本的思想概念，如真理、现实性、合理性、有效性、确定性、客观性[2]等失去了往昔神圣的光环，法律解释、法律推理、法律论证、价值衡量、法律修辞等基本法律方法也失去了其刚性的规范和评价意义，甚至朴素的“有法可依、有法必依、执法必严、违法必究”的法治信念也变得幼稚可笑。方法的本意在于“遵循”和“道路”，意为“遵循某一道路，即为实现一定的目的，必须按一定的顺序所采取的步骤”。[3] 法律方法论的研究目的在于为实现法治确立基本的思维程序和标准，但最终向人们揭示的却是“情感、人格、政策直觉、意识形态、政治、背景以及经历将决定一位法官的司法决定”。[4] “而根据较为极端的变种理论，法院判决基本上是任意的。”[5] 社会的发展促使人们选择法治代替人治，直接的动机在于避免个人的恣意妄断，在于对

---

[1] 陈金钊：“法学的特点与研究的转向”，载《求是学刊》2003 年第 2 期。

[2] Joseph Margolis. Beyond Postmodernism: Logic as Rhetoric. Argumentation 9: 21 – 31, 1995.

[3] 严平：《走向解释学的真理——伽达默尔哲学述评》，东方出版社 1998 年版，第 18 页。

[4] ［美］理查德·A. 波斯纳：《法官如何思考》，苏力译，北京大学出版社 2009 年版，第 10 页。

[5] ［英］哈特：“法律推理问题”，刘星译，载《环球法律评论》1991 年第 5 期。

个体思维、行为中非理性因素的泛滥，而后现代法学理论告诉我们这样的理想只不过是一个美丽的神话，所谓的法治只不过是以一些人的意志代替另一些人的意志而已。

一个有意思的现象是，自19世纪后半期以来兴起的诸多法学理论流派，皆把形式主义法学作为批判的靶子，并以对形式主义法学的批判作为其理论奠基的前提，而形式主义法学的最大罪状就是唯逻辑主义，于是逻辑便成为了法律方法论研究中的公敌。“本世纪初以来，法理学者尤其是美国的法理学者，主要从事法院审判案件的推理方式的批判性研究。在这种研究中，产生了各种各样的理论。这些理论都在讨论司法判决过程中，常常模糊地被称为‘逻辑’的东西的实际或恰当的地位，其中大多数人属于怀疑论，怀疑论者试图表明，尽管表面上演绎推理和归纳推理起着重要作用，但实际上它们仅起着次要作用。”❶

有学者称后现代主义是一种自杀式的理论，或者是智识的丑闻。❷笔者认为，更恰当的评价应当是这种理论属于寄生理论，它们靠着对传统理论的批判而生存，但对于如何建构一个新的世界并没有替代性的方案；它们宣告了一个旧世界的终结，但却指不出通向新世界的方向。假如说后现代主义给艺术、文化带来的颓废、堕落还有一丝残缺之美的话，将它们引入法学领域则主要的是一场灾难。因为法治并不是因为其理论的完善才成为最优的社会治理选项，而是因为它具有相对于其他选项的比较优势。如果我们采用挑剔、甚至病态的标准予以评判，那么，没有什么法学理论、法律制度、法律方法是完全的、完美的。

霍姆斯曾经评价说：“逻辑方法与形式迎合了人们渴望确定性和存在于每一个人心灵中的恬静感受。然而，确定性一般来说是一个幻觉。而心灵的恬静并非人之天命。”❸ 然而，笔者认为，对于确定性和心灵恬静也许是法治能够带给我们的最值得珍视的馈赠，也是法治存

---

❶ ［英］哈特：“法律推理问题”，刘星译，载《环球法律评论》1991年第5期。

❷ Joseph Margolis. Beyond Postmodernism：Logic as Rhetoric. Argumentation 9：21 – 31，1995.

❸ ［美］霍姆斯：“法律的道路”，载［美］斯蒂文·J. 伯顿主编：《法律的道路及其影响》，张芝梅、陈绪刚译，北京大学出版社2005年版，第424页。

在的根本。而在保证法律的确定性方面，逻辑的作用是不可替代的。对确定性的追求使人们从开始就将法律活动建立在了严格的逻辑基础之上，通过人类理性的洞见，制定完善而严密的法律体系，把握形态各异的具体的案件事实，然后按照逻辑演绎推理得出一个确定的法律结果。从这个意义上来说，法就是理性，而理性的基本含义就是合乎逻辑，如果一个法律判决是严格按照要求逻辑推出的，那么这一结论便是确定的，并且只有按照逻辑的要求进行法律推理，得出的结论才是确定的。而后现代主义给我们带来的最大伤害便是对确定性的消解。

近代思想家尼采曾言："上帝死了"。这一具有划时代意义的惊世断言今天已成为了常识性命题，至少对于我们这个无神论的国度是如此。尼采之上帝并不仅仅指宗教意义上的单数上帝，而是众神的复数，我们进一步可以理解为一切可资信赖的权威——宗教的、政治的、道德的、学术的等。诸神的死亡意味着我们的心灵失去了归宿，我们的行为失去了终极性的约束，我们失去了评判是非、进行选择和预测的标准，从而陷入了不确定的恐惧。"怎样应对不确定性可能是人类所面临的最古老的社会问题之一。……这种不确定性无疑造成了社会的不稳定，而疑虑本身也只能加重危险。因此，为减少危险，人类求助于确定性的载体：巫术与巫师，神灵与牧师，集团和共同体的至尊权力与那些体现并行使这种权力的人。这起到了一定的作用，减少了疑虑和恐惧，因此有助于社会结构的稳定。"[1] 而法律也曾经被视为人类应对不确定性的一种有效制度。明确的法律规定、严格的法律适用使人们对自己的行为可能导致的后果有明确的预测：当我们受到伤害时，我们相信法律会还我们以公道；当产生冲突时，我们相信法律会给我们以公正的评判。但如今，法律的确定性受到了几乎彻底的消解。无论是对案件事实的构建还是对法律的解释都会受认知主体的各种偏见所干扰，并且这些偏见根本无法避免。

当然也有学者对这种情状表示了担忧，并把对确定性的拯救寄期望于对逻辑的回归："是谁在谋害中国的法治？我的回答是，理论法律人和实务法律人。他们一方面在呼喊法治，另一方面在消解法治；

[1] ［美］伊曼纽尔·沃勒斯坦：《知识的不确定性》，王晶等译，山东大学出版社2006年版，第20页。

一方面要求依法办事，另一方面要求法律效果、社会效果和政治效果的统一；一方面呼喊宪法法律的权威，另一方面要用常理常情和常识解释法律；一方面讲法治，而另一方面讲政治讲人情。人们的法律思维已经完全被辩证法所左右，法治所需要的根据法律的思维，在人们真正思考法治问题的时候，逻辑已经退回到法学教科书中了。这一切都源自于轻视形式逻辑的文化惯性，我们天天喊着中国的法治道路坎坷，但不知道从何处拯救。如果我们的思维中缺少逻辑规则，那么就无法建立起法治所需要的法律思维和法律方法。实现法治就应该从改变人们惯常的思维方式开始。”❶

然而，在我们打开了潘多拉的盒子之后，我们就不再可能自我欺骗地假装这个盒子从没有被打开过，也不可能仅仅诉诸于方法的设计愚弄人们回到从前。“如果现实是不确定的，那就不得不进行选择了；如果我们不得不进行选择，那分析者的价值取向、偏好、假设等就不可避免地要进入分析过程了。我们即使有意排除这些要考虑的因素，即如果我们在从事知识活动时坚持一种道德中立立场，这些因素也会无意识地出现，也会在人们随意的交谈中出现。我们即使把这些因素表面化，还会不断出现无意识状态，因为无意识构成了分析家的灵魂。简言之，对真理的追求都会涉及对善与美的争论。”❷

确定性危机也许是我们这个时代包括法治的最大危机，对确定性的拯救也许是我们这个时代每一位思想者尤其是法学家的最根本的任务。“所有这些科学任务都绝非易事，如果具体分析某一历史社会体系，必将在社会科学家当中引起激烈争论。尽管存在对提出的资料的有效性和可靠性的争议，但这并不能使理论模式失效，也不意味着我们会逃避寻找这种资料的责任。可以获取资料，可以由不同的渠道提供资料，但都会引起历史社会结构中地位不同的人们大相径庭的解释。这并不是说在一些比其他解释更具说服力的解释的基础上达成相对的暂时二致毫无希望，只是说我们必须自我意识到所有解释者都不可避免地带有社会偏见，我们必须进行深入思考，矫正得出的结论，从而

❶ 陈金钊：“运用逻辑固化法治思维的基础”，载张传新：《自适应道义逻辑与法律推理研究》，山东人民出版社 2011 年版，代序第 1 页。

❷ ［美］伊曼纽尔·沃勒斯坦：《知识的不确定性》，王晶等译，山东大学出版社 2006 年版，第 32 页。

减少各种偏见所造成的影响。简言之，为了探知对不确定的社会现实所作的似乎真实的解释，我们所需要的是方法论，而这方法论本身就充满不确定性。”❶ 这也许是我国当今法治建设的最大障碍，也是法律方法论研究的最大悲哀。

以逻辑学作为主修专业的笔者，曾希望借助现代逻辑的工具探究包括法律推理在内的规范推理的基本模式和特征。虽然自认为构造的自适应道义逻辑系统能够较好地刻画规范推理动态的、可废止的特征，但整个过程是极其纠结的，而结果似乎也不令人乐观。在笔者《自适应道义逻辑与法律推理研究》一书后记中，笔者表达了作为一名法律逻辑研究者的这种纠结心态。“（法律逻辑与道义逻辑）不仅仅是研究对象有所差异，就是所使用的语言也有很大不同。道义逻辑本质上是以现代逻辑作为工具研究规范推理的形式结构和规律的，所使用的语言本质上是一种高度形式化的人工语言。而对于法律推理的研究而言，除了一些特别定义的概念、术语外，所使用的语言基本上与自然语言无异。研究对象、研究语言的差异甚至直接决定了各自不同的研究范式，前者基本上是公理化的，追求所构造的系统的可靠性、完全性等逻辑理论的一些必要品质，而后者则强调在具体案件中的适用。如此等等决定了我在做这些研究的时候似乎永远处于纠结的状态，在频繁的知识系谱、话语空间的转换中备受煎熬。”❷ 而对于通过锻造更强有力的逻辑工具重铸法治理性基础的想法的破灭主要是基于以下事实：“法律人自己常常并不精通逻辑的知识。他们对复杂的理论也往往没有太大的兴趣，考虑到这一点，即使道义逻辑更适合被用于刻画司法推理，但对于日常司法实践看起来也没有太大用处。”❸

事实上，我们关于法律逻辑的评价，首先“必须愿意以分析的方式而不是指责的方式陈述我们自己的和他人的前提”。❹ 关于法律逻辑的性质、功能的争论，往往是基于各自的立场而有选择性的评判，对

---

❶ ［美］伊曼纽尔·沃勒斯坦：《知识的不确定性》，王晶等译，山东大学出版社 2006 年版，第 32 页。

❷ 张传新：《自适应道义逻辑与法律推理研究》，山东人民出版社 2011 年版，第 347 页。

❸ Alain Lempereur. Logic or Rhetoric in Law? Argumentation 5：283 – 297，1991.

❹ ［美］伊曼纽尔·沃勒斯坦：《知识的不确定性》，王晶等译，山东大学出版社 2006 年版，第 32 页。

于其评价要么过高，要么过低。正如很多人所揭示的，逻辑是一个多义词，基于不同的角度和立场，每个人，甚至同一个人在不同时候都具有不同的逻辑观念。逻辑观念不统一不可能澄清彼此的分歧，甚至就是一个伪命题，使争论变得没有任何意义。其次，我们对逻辑的评价不是看其有多少缺陷，而是分析它是否具有不可替代的作用。最后，我们还要分析逻辑的局限是因为自身的问题，还是我们没有很好地发挥它的功能，包括不合理的期待。以上三点构成了笔者博士后期间思考的主要框架。因此，本报告也主要包括这三个主题。

第一部分，包括第一至三章，主要是对逻辑作为法律方法的相关研究，包括法律逻辑的观念、性质、作用等的元问题研究，法律逻辑思维的基本形式、方法的描述性研究，以及对逻辑作为分析、评价法律思维的规则和标准的规范性研究。而第二、三章则是在博士论文的基础上，采用现代逻辑方法对规范推理的基本模式，以及如何处理规范冲突进行了进一步的研究。

第二部分，包括第四至七章，主要是探讨法律逻辑学与最近兴起并以对法律逻辑的批判作为理论起点的法律修辞学、法律论题学之间的关系。结论是它们之间不是相互替代的，而是相辅相成、互为表里的。其中第四章主要分析了逻辑与修辞各自的特点，结论是在法律论辩中，逻辑也是一种修辞，是一种最简洁、最有力的修辞；修辞也是一种广义的逻辑，当逻辑适用的条件无法得到满足时，必须借助的一种手段。第五章具体分析在判决书中，所谓的逻辑并不是对法律思维过程的如实描述，而是一种修辞性表达。判决书需要在说理的充分性和修辞的简洁性之间追求一种策略的平衡。第六章是对法律修辞对逻辑的批判进行回应，尽管法律修辞对于司法具有重要的价值，但不可失去逻辑的支持和分析、评价。第七章探讨了法律论题学与法律逻辑学之间的关系，也许借助现代逻辑方法能够更清楚地把握法律论题学的价值和意义。

第三部分，包括第八至九章，则是对逻辑的具体应用。第八章论述民间法问题。当下的研究者多把民间法视为一类有效的法律渊源，借助于一般的逻辑推理形式得出一个合理的结论。笔者认为，这样一种理论刻画是对“根据法律进行思维”的背离，也许将民间法的适用刻画为一种独立的形式，能够更好地揭示民间法定位的尴尬和风险。

第九章是从更广泛的角度，通过对一件冤案成因的探究，揭示逻辑在法律思维中的重要性。也许遵守逻辑规律、规则并不能保证我们总是能够得出一个有效的结论，但违反逻辑必然是缺乏说服力的。从这个意义上讲，逻辑的主要作用在于其批判性。因为缺乏逻辑的批判会使一些冤假错案一路畅通，冲破各种制度的约束，这种错误事后看来不可思议，而在思维过程中却很难被发现。

目　录

第一章　作为法律方法论基础的法律逻辑

逻辑是分析、评价法律思维的最为悠久的方法[1]，它对推理形式有效性的研究为分析、评价法律结论的可接受性提供了基本的分析框架和重要的评价标准。一种观点认为，逻辑是规制人类思维的规则体系，法律是规制人类行为的规则体系，而人类的行为通常受到其思维的指引。所以，在本质上二者是同质同构的，逻辑是概括化了的法律[2]，法律是指引、约束法律思维的逻辑。逻辑的确定性、一致性、有效性构成了法律确定性、一致性、可预测性的基础。但另一种观点认为，法律总是处于永恒的发展变化中，法律体系的开放性、滞后性、不确定性限制了逻辑在法律领域中的应用价值，逻辑的封闭性成为法律僵化的根源。总之，法律与逻辑的关系是众多关注法律推理与论证的法学家和关注逻辑应用的逻辑学家共同关注的论题，形成了不同的法律逻辑观念和理论，这些理论大致涉及以下三个方面：第一，关于法律逻辑的性质、作用，逻辑与法律的关系，法律逻辑在法律方法论体系中的地位等法律逻辑基本问题的研究；第二，关于法律思维的逻辑基础、形式和基本模型的描述性研究；第三，法律概念的明确性，法律判断的一致性，法律推理的有效性，法律推理的单调性与可废止性的规范性研究。对以上几个问题的分析旨在表明，逻辑不仅是一种法律分析方法评价标准体系，且因为逻辑作为理性思维的基础甚至代名词，对于理性的法律思维具有基础的方法论意义。也就是说，逻辑不仅是一种独立的法律方法，而且深入各种法律方法之中，是所有追求过程和结果具有确定性、一致性和有效性的，包括法律方法在内的

---

[1] ［荷］伊芙琳·T. 菲特丽丝：《法律论证原理》，张其山、焦宝乾、夏贞鹏译，商务印书馆2005年版，第23页。

[2] Stephen Toulmin. The Uses of Argument, Cambridge University Press. 1958, p. 7.

理性思维基础。

一、法律逻辑的性质

从历史的角度看，逻辑学与法律的密切关系主要表现在：第一，逻辑因法律而生。法庭论辩是逻辑学产生的重要源泉，逻辑是法律思维的重要工具。正是出于法庭论辩取胜的需要，促使人们研究法律推理和论证的逻辑方法和规律，达到以理服人的目的。第二，逻辑是法律体系赖以建立、发展的重要基础。在西方，古希腊哲学家亚里士多德等发展起来的一套严密的逻辑理论体系对于罗马法的发展曾产生了深远的影响，加上罗马的法学家们对于各种法律概念、法律关系的探讨和阐述，终于使罗马法摆脱了其他古代法律体系不合理性、不合逻辑的轨迹，成长为一个博大精深、结构严谨的体系。这种讲究逻辑严密的传统对后世西方各国的立法与司法影响甚大。[1]

然而，把法律逻辑或法律推理作为独立的研究对象也只不过是在近现代法治进程足以使人们开始反思法律过程本身，把法律思维作为独立的研究对象之后的事情。而对法律与逻辑关系的反思至少取决于反思主体所持的逻辑观与法律观两个方面。由于这两个方面存在不同的观点，相应的关于法律逻辑的性质、研究对象、作用、与其他法律方法的关系等基本问题存在着较大争议。

首先，逻辑是一个指称多元意义的词语，不同的人对于逻辑这个概念本身持有不同的认识，甚至同一个人也在不同意义上使用这一概念。例如，以对法律中的逻辑主义持严厉批判态度而闻名的霍姆斯来说，在其《法律的道路》一文中，他至少在五个不同意义上使用了“逻辑”这个概念。(1)“逻辑”大约相当于“有判断力的”“合理的”“正当的”“明智的”这一系列概念的同义词。(2)“逻辑”作为三段论推理（或者其他形式推理）。(3)“逻辑”作为和几何学类似的形式推理系统，包括公理、推理规则、定理。(4)“逻辑”作为理性的可辨别的因果关系的模式。(5)“逻辑”作为一系列的论证方式，

---

[1] 参见贺卫方：“中国古代司法判决的风格与精神：以宋代判决为基本依据兼与美国比较”，载《中国社会科学》1990 年第 6 期；王洪：《司法判决与法律推理》，时事出版社 2002 年版，第 80 页。

它们各自有固定的形式却又区别于其他。❶ 通常情况下，可以把逻辑区分为以下几种类型：第一，关于思维形式、思维规律，以及一些简单逻辑方法的科学。也就是我国高校普遍开设的普通逻辑学这门课程关于逻辑的定义。与此相应的法律逻辑研究以普通逻辑学理论为基础，研究法律领域中的逻辑规律和方法。普通逻辑学作为一门研究思维基本规律和方法的基础学科、一门工具学科对普及逻辑思维知识，提高法科学生的理性思维能力，培养严谨、严密的理性思维品格是非常必要的。普通逻辑的长处是紧密结合日常思维实际，便于掌握和运用。不足之处是分析、表达能力有限，无法更深入、更全面地分析、解决法律问题。第二，逻辑是关于推理形式有效性的科学。这是自现代数理逻辑产生并成为主流后，被普遍接受的一种观点。这种观点的长处是体现了现代逻辑的主要特点和方法，不足之处是过于狭隘，一是排斥归纳逻辑等非演绎逻辑，二是排斥非单调逻辑等扩展逻辑和变异逻辑，而这些恰恰是研究法律逻辑必须借助的理论方法。第三，逻辑就是合乎理性的认知，既可以指外在世界普遍存在的因果关联，也可以指以这种因果为规范的内在的认知模式和方法。这种观点的长处是外延涵盖足够广泛，把所有的理性思维的模式和方法都称为逻辑，扩大逻辑的价值和应用范围，调解不同逻辑观念之间的分歧冲突。不足之处是容易模糊逻辑方法和其他方法之间的界限。

以上三种逻辑观都存在一个基本假设，即把思维分为思维形式和思维内容两个方面，并把两个方面的研究分别归属于逻辑研究和社会一心理研究，逻辑研究的对象是思维形式，经验科学研究思维的内容。逻辑和经验是思维不可分离的两个方面，经验是逻辑的载体，逻辑是经验的形式。然而，我们对思维内容和思维形式的区分只具有认识论的意义，在实际的思维过程中，我们的知识及基于知识的推理是一个整体，在思维形式和思维内容之间并不存在截然的区分。对此奎因的评论是，我们关于客观世界的陈述面临的经验认识的评判不是个别的而是一体性的。通过经验形成假设性知识的复杂体系，如果结果

---

❶ ［美］斯科特·布鲁尔：“从霍姆斯的道路通往逻辑形式的法理学”，载［美］斯蒂文·J. 伯顿主编：《法律的道路及其影响》，张芝梅、陈旭纲译，北京大学出版社 2005 年版，第 131～132 页。

是不可接受的，则必须通过对假设性知识的修正以重新获得其可接受性。修正可以在一体性知识的任意层面进行，或者是表达经验的一些陈述，或者是关于事实之间一般联系规律的认识，或者是采用不同的逻辑，甚至是评价知识可接受性的标准。引导这种调整过程的合理性标准也是一体性知识的一部分，都可能成为修正的对象。知识这个概念是相当全面、包容的，不但包括传统所认为的假设性知识，还包括我们可能的认识世界的约束条件和合理性标准。事实上，我们更倾向于修正或放弃这个复杂的一体性知识的这一部分，而坚持另一部分。其中最不倾向于修正的那部分就是关于推理有效性的理论，我们称为"逻辑"。基于这种观点，逻辑不是传统所认为的经验知识的对立面，我们的假设性知识具有一定的连续性，从我们随时都准备加以修正的非本质性的信念，到只有存在非常强的对立证据的情况下才可能修正的牢固的信念。信念和标准都是相互联结的一体性知识的一部分，我们尽可能地使其保持"一致性"，这里一致性标准本身就是我们希望保持一致性的系统性理论的一部分。我们可以称这种一体性知识为一个"承诺集合"。逻辑属于这个承诺集合的一部分，并且是其最不愿意放弃的那部分。很明显，逻辑与该承诺集合的其他部分之间并不存在截然分明的界限，甚至也不存在为什么要在二者之间进行严格划分的根据，因为在逻辑和其他知识之间并不存在根本的不同。[1] 因此，我们坚持这样一种逻辑观：逻辑是最稳定的知识信念集合，它确定根据给定的前提知识推导出特定的结论知识。这一定义的最大优点是它的包容性和灵活性，根据需要把部分知识信念视为逻辑，而把另一部分视为逻辑操作的对象（在不同的语境中，我们称之为逻辑变量、思维内容、经验知识等）。从理论上看，存在着最强的逻辑和最弱的逻辑。假设一个逻辑理论就是由所有有效推理规则组成的集合，如果把一个推理分作一个前提集和一个结论，最强的逻辑则对任意的前提集和结论的结合形式予以详细规定，判定结论能否从前提集中逻辑地推出。该逻辑中的每一条规则都应该被视为该逻辑的一条推理规则，且包括所有有效的推理规则。因为它把所有的对象都视为逻辑形式，所以它是最强的可能的逻辑。事实上它对形式和内容并没有予以区分，

---

[1] Jaap Hage, Studies in Legal logic, Springer, Vol. 70, New York 2005. p. 5.

它把推理的每一个因素都视为决定其有效性的因素。

可能的最弱的逻辑像最强的逻辑一样看起来很奇怪。如果把规定这个最强逻辑的序列写成下面的形式，就很容易理解这一点，这里 A，A′，……A″表示前提集，p，p′……p″表示结论：

$A \vdash p$，$A' \vdash p'$，$A'' \vdash p''$，……

在该序列中每一个元素都不是逻辑语言的句子，而是规定论证有效性的元语言的推理规则。

可能的最弱的逻辑本质上是从命题逻辑中分离出来的，它把每一个论证形式——

$\{p\} \rightarrow Q$

$\{p\}$

所以：Q

——都视为有效，这里 $\{p\}$ 表示一个句子集（的真值）。对于前面所列的每一个论证，如果要在最弱逻辑的意义上保证有效性，就需要增加一个相应的前提：

$A \rightarrow p$，$A' \rightarrow p'$，$A'' \rightarrow p''$，……

正像该例所表明的，新增加的前提由对象语言的一个句子予以确定，根据其他前提得出结论的推理是有效的。最强逻辑的推理规则被相应的对象逻辑的句子所替代，其他方面则是相同的。

因此，不同逻辑间存在着重要的区别，最强的逻辑把每一个对象都视为逻辑形式，而最弱的逻辑几乎没有确定任何逻辑形式。对于最弱的逻辑每一个有效的推理都必须包括具有 $\{P\} \rightarrow Q$ 形式的前提，以保证能从该推理的相关前提中得出结论 Q。也就是说，所有的有效推理都要把该推理的有效性作为它的一个前提。这样对于逻辑来说几乎没有什么工作了，因为推理的有效性被归结于决定该推理是否有效的前提的真实性。[1] 在最强的逻辑和最弱的逻辑之间可以存在任意多个具有某种强度的逻辑，这取决于选择把哪些知识信念视为逻辑形式，而这一选择最终由取决于特定领域的需要，以及对相关知识信念是否稳定的判断。这一定义的另一个优点是把逻辑与法律对接起来。从理论上我们可以设想这样一个法律体系，它对每一个可能的行为和事实

[1] Jaap Hage，Studies in Legal logic，Springer，Vol. 70，New York 2005. p. 21.

都确定一个法律后果与之相对应，一旦能够确定特定行为和事实的存在，则推断该行为和事实的相关主体承担相应的法律后果。这一法律体系本质上是一个最强的逻辑理论，每一个行为和事实的发生都自然地触发该逻辑的自动运行，它不依赖于司法者的任何的自由裁量，我们可以称这种制度为“极端法治”。从理论上我们还可以设想另外一个法律体系，它只是确定一定的行为和事实应当附之于一定的法律后果，至于什么样的行为和事实会导致什么样的法律后果则完全取决于司法者的裁量，实质上这种治理手段根本算不上法治，因为它无法可循，我们可以称这种制度为“极端人治”。历史上及现实中存在的各种社会治理制度都处于这两种极端之间，至于到底应当倾向于哪一端，主要取决于人们对法律体系的完善程度的认识和司法者信任程度的评价，如果对司法者的公正和明辨是非的能力抱有足够的信任，就宁愿赋予他们足够多的自由裁量权利；如果人们怀疑司法者的良知，就会制定更多的法律以保证司法结果的确定性。总之，法律与逻辑究其本质而言是统一的，都是把某些知识视为稳定的基本信念的结果，对逻辑的选择与对法律的选择一样，都是某种合目的性的策略选择，而非存在某种客观、排他的逻辑。

其次，法律也是一个指称多元意义的语词，一方面特定的法律观念会对所使用的法律方法有一定的选择、过滤作用。例如，以概念法学为代表的形式主义法学坚持认为，法律是一个内部完整无缺、统一一致的完美体系，外部存在法律与事实之间严格对应关系。基于这种观点，一切法律问题都可以通过应用明确的、不变的规则而作出决定，因此一切法律问题的答案都在人们的意料之中，唯一可用的法律推理方法就是逻辑的演绎三段论。在这种模式中，法律规则是大前提，案件事实是小前提，法官只需通过逻辑的演绎推理便能得出明确、唯一的法律判决结果。[1] 而把法律视为法官的行为和对法官行为的预测的现实主义法学认为，演绎三段论推理所赖以成立的大前提法律规则和小前提法律事实都是不确定的，因此，“对许多法律判决的细致分析

---

[1] 这方面的成就之一是1804年《法兰西民法典》，按照拿破仑的观点：“将法律化成简单的几何公式是完全可能的，因此，任何一个能识字的并能将两个思想连接在一起的人，就能做法律上的裁决。”转引自沈宗灵：《现代西方法理学》，北京大学出版社1992年版，第329页。

表明，它们是基于不确定的事实、模糊的法律规则或者不充分的逻辑作出的。”在案件审理中，法官的个性起着关键的作用。法律推理的过程是法官在接收事件与情况的刺激以后，根据个人的主观评判先得出结论，然后再去寻找有关法律规则，这个推理过程的公式是：刺激 + 法官个性 = 判决。在审理疑难案件时，靠法官“拍脑门”定案并非什么新奇的事情。基于这种观点，他们当然会反对逻辑作为法律方法的主导作用。另一方面，法律方法作为法律理论的一部分，对其的研究也会对法律理论自身产生深远的影响。在现代逻辑产生之前，人们关于逻辑的认识仅仅局限于亚里士多德三段论和斯多葛学派的命题逻辑，这些理论仅仅能够对复杂的法律推理过程和模式进行简单的刻画，并且这些理论被认为是不证自明的常识而被接受，虽然违背逻辑的规则会导致严重的错误，但它又是如此简明，所以很少有人会犯这方面的错误。这也是为什么一直到近代很少有人专门研究法律推理的原因。[1] 随着社会的发展，需要多种法律方法解决日益复杂的社会问题，现代逻辑的发展为逻辑作为一种法律方法提供了更多的选项。所持的不同逻辑观念，即影响了法学家对于逻辑的不同态度，也因为对法律运行的不同逻辑刻画而形成不同的法律观念。

最后，法律与逻辑的关系。如果人们以狭义的概念为基础，那么就能有充分理由去怀疑一种特殊的“法律”逻辑学之存在。谈论特殊的法律逻辑学，就像说医学或生物逻辑学一样，显得无甚意义。在这种情况下，“法律逻辑学”的问题，可能只是把普通逻辑运用到法律和法学中去。[2]事实上，我国法律院校广泛开设的法律逻辑学大多就是“把普通逻辑运用到法律和法学中去”[3]。这一观点基于传统的逻辑概念，认为逻辑只关涉思维形式结构，“不存在有实质内容的逻辑，如

---

[1] Peter Wahlgren, Legal Reasoning, Legal Theory, The Stockholm University Law Faculty, 2000, p. 200.

[2] ［德］乌尔弗里德·诺伊曼：“法律逻辑学”，载［德］阿图尔·考夫曼、温弗里德·哈斯默尔主编：《当代法哲学和法律理论导论》，郑永流译，法律出版社 2002 年版，第 315 页。

[3] 吴家麟先生主编的《法律逻辑学》认为：“法律逻辑学是一门应用性质的形式逻辑分支。”“法律逻辑学不是法学的一个部门，而是形式逻辑学的一个部门；它是处于形式逻辑学下面一个层次的逻辑分支学科。”“它的任务在于把形式逻辑一般原理应用于法学和法律工作的实际，探索在法律领域应用形式逻辑的具体特点，因此，法律逻辑学并没有与传统形式逻辑不同的特殊对象，研究的还是属于思维领域的现象。”

果我们关注推理中的实质条件，那么，我们就远离逻辑而进入修辞学、辩证法、论辩并最终进入方法论的领域，但它不能被恰当地称为逻辑。”❶ 基于以上分析我们认为，第一，法律逻辑作为一门独立的学科是不存在的，它要么是广泛意义上的法律方法论，要么是法律领域中的逻辑分析方法。第二，关于逻辑一元论与逻辑多元论。事实上，以上无论是广义的逻辑观还是狭义的逻辑观都是逻辑一元论的观点，按照这种观点肯定法律逻辑的存在就会导致一些荒谬的结论，“如果法律家只使用如三段论或置换法之类的普通推理模式，那么，说存在法律逻辑便如宣称存在动物学逻辑一样没有理由：从大象比狐狸大、而狐狸又比老鼠大的事实中，可推理得出大象比老鼠大的结论。倘使在所有领域皆使用相同的逻辑，则‘法律逻辑’的表述就会如同在国家统计学家列出计算交易数目问题时称之为法律算术一样不正常。”❷ 在人类文明的诸多知识体系中，逻辑科学具有鲜明的学科特点和性质，一方面它是一门工具、方法论性质的科学，是作为认识的工具和方法产生出来的，体现了人类思维普遍性的一面，在这个意义上，逻辑学被称为研究思维形式及其规律的科学。另一方面，逻辑学的产生和发展也离不开认识实践的推动，实践证明一种逻辑类型或分支的建立，最后总能映射到某方面实践或某些科学的需要上，并因和特定对象领域的结合，打上该对象领域的深刻烙印，甚至该对象领域所揭示的逻辑规律和方法只为该对象领域所特有，我们往往把这样的逻辑称为某某逻辑，如法律逻辑、经济逻辑等。因为不同领域逻辑结构和方法的不同，所以，逻辑应该是多元的，而不是一元的。只不过由于长期以来人们所掌握的逻辑主要是以亚里士多德逻辑为主要内容的普通逻辑，并由于其应用的广泛性而认为这种逻辑是唯一的逻辑。我们认为把法律作为限定词置于逻辑之前，从而使法律逻辑成为区别于普通逻辑及其他逻辑成为独立的逻辑分支，那么，法律逻辑就必然应该具有普通逻辑或其他逻辑不具有的特征和属性，这些特征和属性反映了法律领

---

❶ Ch. 佩雷尔曼，“法律推理”，朱庆育译。载陈金钊、谢晖：《法律方法》（第2卷），山东人民出版社2003年版，第134页。

❷ ［德］乌尔弗里德·诺伊曼：“法律逻辑学”，载［德］阿图尔·考夫曼，温弗里德·哈斯默尔主编：《当代法哲学和法律理论导论》，郑永流译，法律出版社2002年版，第135页。

域独有的逻辑形式和方法。这样的法律逻辑不是普通逻辑在法律领域中的应用，而是以现代逻辑，主要是以近几十年来发展起来的广义模态逻辑为理论基础的规范（道义）逻辑研究。❶ 这一结论当然也不是否定普通逻辑对于法学的重要意义，作为一门研究思维基本规律和方法的基础学科、工具学科，普通逻辑学对普及逻辑思维知识，提高法学生较强的理性思维能力，培养严谨、严密的理性思维品格是非常必要的。

德国法学家乌尔弗里德·诺伊曼认为："法律逻辑学的概念有双重含义，因为逻辑学这个概念被在广义和狭义上使用。在广义上，'逻辑学'更指'方法论'，在这个含义中，被用于谈论'社会科学的逻辑学'或'文化科学的逻辑学'。在这个意义上，逻辑不仅指形式逻辑，而主要是指价值判断。这也就是说，逻辑学已不仅是指研究思维规律的科学，不仅是从形式方面去研究概念、判断和推理，而主要是研究它们的实质内容。"❷ 在狭义上，逻辑学的概念仅涉及形式规则，即关涉其有效性不依赖于特殊适用范围之规则。

逻辑学研究具有一个非常悠久且丰富的传统。尽管如此，却很难

---

❶ 规范逻辑是研究那些与人类行为规范相关的规范概念之间逻辑关系的理论，它以揭示规范的逻辑推理有效形式为主要研究对象，以"应当""允许""禁止"等规范词为模态词，体现了社会规范领域特有的逻辑特征。当然，以现代数理逻辑为研究工具研究法律逻辑确实可能受到很多的人的质疑，如现代逻辑以形式化的方法作为基本特征，使对逻辑的研究显示出严格性和确定性，但"这种严格性和确定性是以空洞性为代价而实现的"，"就其本性来说，形式逻辑没有能力来处理日常思维所涉及的这类问题"。阮松："西方的非形式逻辑运动与我国逻辑学的走向"，载《南开大学学报》。另一种质疑源于道义逻辑系统虽然建立起来了，却存在着一个又一个的道义悖论，这就不得不让人怀疑人们开始的期望是否可行，或者说是否合理。我们认为，这种担心和质疑是完全没有必要的。以现代数理逻辑为工具，对社会规范进行严格的形式刻画，建立真正意义上的规范（道义）逻辑是从20世纪二三十年代数理逻辑成熟以后才开始的。在规范（道义）逻辑研究初期，由于研究方法和工具的局限而不能可靠地表达和刻画研究对象的背景下确实出现了大量的道义悖论，但随着规范（道义）逻辑研究方法的多元化，时态逻辑、语境逻辑、弗协调逻辑、优先逻辑、非单调逻辑、模糊逻辑、决策逻辑、自然推理逻辑等方法运用到道义逻辑研究中去，并通过道义逻辑语义学、语用学的发展，规范（道义）逻辑系统的表达能力越来越强大。这样的系统摒弃了经典逻辑单调性、一致性、二值性等特征，而具有了开放性、弗协调性、非单调性等特征。这样的系统也许是不完全的，但它通过借用现代逻辑的思想和方法，对于减少法律思维的模糊性和不确定性将会发挥巨大的作用。特别是近年来将规范（道义）逻辑研究和人工智能结合起来，体现了21世纪法律逻辑学发展的基本趋势。

❷ 沈宗灵：《现代西方法理学》，北京大学出版社1992年版，第451页。

为逻辑下一个确切的定义。然而，还是存在一个一致的意见，即逻辑是关于推理的：它帮助我们对论证的有效性进行评价。然而，对于“什么样的论证是有效的”这一问题的回答通常是如果结论是根据前提逻辑得出的，那么，这个论证就是有效的。因此，我们又回到了逻辑的性质这个问题上来，或者更确切地说什么才是逻辑结论。

A. 塔斯基（A. Tarski）曾经给出过逻辑结论这个概念的一个著名的界定。简单地说，塔斯基的思想是：

句子 A 是由前提集逻辑推出的，当且仅当前提集真时，句子 A 永远真。

这一界定背后的思想是，逻辑是描述“对真的传递”的理论。这种“传递”开始于论证的前提，结束于论证的结论。所以，逻辑的目标是确定论证形式，该形式保证这种对真的传递：如果一个论证的前提是真的，那么，它的结论也总是真的。

二、法律逻辑的作用和意义

尽管足够多的文献证明逻辑对于法律的发达史起着至关重要的作用，但自 19 世纪后期以来，逻辑在法律理论界受到了越来越多的批评，先是历史主义法学、现实主义法学、实用主义法学，后来似乎所有的法学理论都把对逻辑的批判视为其理论建构的起点，特别是具有“后现代”倾向的一些法学理论更是否定逻辑在法律领域中的作用。事实上在今天强调逻辑在法律中的作用要比批判逻辑冒更大的风险。❶

因为逻辑相对于一般经验认识更具有稳定性和确定性，所以，为了尽可能地保证法律思维的确定性和一致性，逻辑就具有一般方法论的意义，它既可以为法律思维提供基本的思维框架和模式，具有建构性功能；也可以提供法律推理、法律论证的形式评估标准，具有评价性功能。具体来说，逻辑的作用包括以下几个方面：第一，逻辑为法律思维提供了基本的知识表达形式。逻辑具有超越个体经验的稳定结

---

❶ 对法律逻辑的责难主要包括以下几个方面：（1）逻辑推理只能解决简单案件，而不能解决疑难案件。（2）法律文本的步骤言行、相互矛盾及缺漏，使推理无法进行下去，因而需要实质推理加以补充。（3）真正的法律推理实际上从来没发生过，所谓的三段论式推理的依法判案，不过是一种包装。（4）逻辑推理模式使法律出现了机械性和僵化模式。参见谢晖、陈金钊：《法理学》，高等教育出版社 2005 年版，第 476 ~ 481 页。

构形式，使客观世界内在的规律与主观世界理性之间的沟通成为可能，使法律的价值追求与事实认识有了内在的联接。逻辑是一切理性思维的基础，而建立在现代理性主义基石之上的法治更是与逻辑有着密不可分的关系，即使倡言“法律的生命不在于逻辑，而在于经验”的美国大法官霍姆斯也曾说过：“律师受到的训练就是在逻辑上的训练。类推、区分和演绎的诸过程正是律师们最为熟悉的。司法判决所使用的语言主要是逻辑语言。”❶ 第二，逻辑所提供的严格的推理、论证规范为法律共同体内的法律论辩提供了理性交往的平台。逻辑作为一种形式化的语言表达为法律思维提供了确定性、一致性的保证，在这一语境下，逻辑方法是普遍而有效的思维方法，遵守逻辑规则是正确法律思维的最基本规则。因此，不管是在法律理论上，还是在法律实践中，形式逻辑历来被看作一种平等和公正地实施正义的重要工具，它责成执法者和法官要始终一贯地执行法律，并且摆脱个人意志和个人好恶偏见。正如博登海默所说：“法官有责任按照某一明显应适用于一个诉讼案件的法律规则来审判该案件。在这种性质的情形中，形式逻辑是作为平等、公正执法的重要工具而起作用的。它要求法官始终如一地和不具偏见地执行法律命令。例如，如果有一条法规规定要对政府官员行贿受贿加以惩罚，而且某个人已被确定采取了这种行贿受贿的行为，那么法官或陪审团就应当得出三段论逻辑所要求的必然结论，而且还应当制止用偏见或其他无关的考虑来解决该案件。”❷ 第三，逻辑为法律思维的正确性提供了形式的评价标准。在司法过程中，抽象的法律规则与具体的个案之间存在着天然的缝隙，司法的任务就在于将抽象的法律与个案结合，完成普遍性的法律的个性化过程，这一过程是通过法律发现、法律解释、漏洞补充、法律推理、法律论证等一系列法律方法来实现的。“面对明确的法律，法官可以直接将其作为法律推理的大前提，径直向判决转换；对模糊不清的法律需要进行解释；对存在空缺结构的法律则需要漏洞补充。”❸ 问题的关键是面对复杂而丰富的个案，法官可能会有不同的法律发现与其相对应，而

---

❶ Oliver Wendell Holmes, The Path of the Law, *Harvard Law Review* 10 (1897), p. 465.

❷ ［美］E. 博登海默：《法理学——法律哲学与法律方法》，邓正来译，中国政法大学出版社1999年版，第496~497页。

❸ 陈金钊：《法治与法律方法》，山东人民出版社2003年版，第261页。

根据现代法律解释理论很难提供一个唯一正确的法律答案，因此要保证判决的权威性，就必须要求法官对所认定事实的真实性、所适用法律的恰当性以及法律推理的逻辑性都作出合乎理性的论证。阿列克西把法律论证分为外部证成和内部证成两个方面，外部证成是对内部证成所使用的各个前提的证立，这些前提主要是实在法规则、经验命题等。内部证成解决从既定的前提推导出作为结论的法律判决的形式有效性问题，即结论能否从前提中逻辑地推导出来。因此，逻辑就成为评判法律思维正确性的一个不可缺少的重要标准。正如苏联法学家库德里亚夫采夫在《定罪通论》中所强调的："逻辑学对于法学的意义是不容置疑的。大概社会生活的任何领域都不会像在法的领域那样，由于违背逻辑规律造成不正确的推理，导致虚假的结论而引起如此重大的危害。推理的逻辑性，在侦查和审理案件时严格遵守正确的思维规律，对于每一个法律工作者是基本的不可缺少的要求。"❶ "虽然演绎逻辑并不能解决法律秩序中最为棘手的问题，但是这并不意味着逻辑与经验之间的相互关系是对立或相悖的。如果我们不是完全无视道德与社会方面的考虑，也不是错误地把逻辑认为是'机械式'的推理行为，那么我们就一定能够得出结论说，逻辑和经验在行使司法职能过程中与其说是敌人，毋宁说是盟友。"❷

法律逻辑分析方法是不完备的分析方法。任何正确的思维都依赖于内容的真实和形式的有效两个方面，这两个方面分别是正确思维的必要条件，而非充分条件，只有同时满足这两个条件的要求，思维才可能正确。例如，关于逻辑蕴含问题，乌尔弗里德·诺伊曼指出："反对法律规范形式化的疑虑，可能一方面来自法律理论的蕴涵，另一方面来自形式化的各种技术困难。从法律理论视角出发，首先可以质疑，把包含用于描述法律规范有条件的结构是不适宜的，它忽视了在事实与结果之间存在的含义关联，并因此导致了不可接受的结论：因为那个蕴涵是真实的，只是在前句是虚假的时候。如果在运用蕴涵中，每个规范是真实的，即有效的，那么，其前句应是虚假的。在一

---

❶ ［苏联］库德里亚夫采夫：《定罪通论》，李益前译，中国展望出版社 1989 年版，第 59 页。

❷ ［美］E. 博登海默：《法理学——法律哲学与法律方法》，邓正来译，中国政法大学出版社 1999 年版，第 497 页。

个无人活过100岁的社会中，'每个长于100岁的人，将被处死'之规范，可能是真实的，即有效的。"❶ 从逻辑学的角度看，一个蕴涵命题的真存在两种情况，即前件假或者后件真，也就是只要前件假，不论后件真假，这个蕴涵命题都是成立的；只要后件真，不论前件真假，这个蕴涵命题也是成立的。特别是蕴涵命题可以理解为是一个充分条件推理，自然和人们的直觉产生了矛盾：为什么允许假命题蕴涵一切命题，而真命题被一切命题所蕴涵？这实质上是因为逻辑蕴涵和日常语言的蕴涵存在着意义上的区别，逻辑蕴涵只涉及形式，而日常语言中的蕴涵还涉及内容，在实际的推理过程中，我们要求前提必须是真的，只有前提真，才能够通过逻辑推理机制将前提真的属性传递给结论，也就是以前提的真支持结论的真。当我们通过具体的认识活动保证前提真的情况下，逻辑蕴涵前件假后件真的情况实际上已被排除了。具体到该例，假如某社会存在"每个长于100岁的人，将被处死"的规范，并且真有一个人长于100岁，那么得出该人将被处死的结论应该是没有什么不妥当的。至于说某人只因长于100岁就将被处死看起来是怪谬的，那也只是存在着这样一个怪谬的规范，而推理过程是不存在任何问题的。因此，逻辑不是求真，而是保真的理论，不求真是逻辑的局限，但不是它的缺陷。

三、法律逻辑研究的进路

（一）描述性研究

1. 法律思维的逻辑基础

（1）传统逻辑。逻辑学的产生与发展都与法律有密切的关系。首先，逻辑学的产生与法律有密切的关系，人们普遍认为，法庭论辩是传统逻辑学产生的两大源泉之一，在古希腊智者学派最先将逻辑知识和技能运用于法庭论辩，如普罗泰格拉等，而我国春秋战国时期的逻辑学家邓析等人也是著名的讼师，并广泛运用逻辑技巧作为其法律论辩的重要工具。同时，逻辑学对于法学的发展也产生了极大的推动作用。逻辑史学家黑尔蒙曾指出，三段论的逻辑形式早在古埃及和美索

---

❶ ［德］乌尔弗里德·诺伊曼："法律逻辑学"，载［德］阿图尔·考夫曼、温弗里德·哈斯默尔主编：《当代法哲学和法律理论导论》，郑永流译，法律出版社2002年版，第324页。

不达米亚的司法判决中就已经有所运用了。古巴比伦的《汉姆拉比法典》也是用逻辑的对立命题与省略的三段论方式来宣示法律规则的。[1]在西方，古希腊哲学家亚里士多德等发展起来的一套严密的逻辑理论体系对于罗马法的发展曾产生了深远的影响。

19世纪中叶以前，以亚氏逻辑为主的传统逻辑支配着逻辑领域。公元前4世纪，亚里士多德建立了历史上第一个演绎逻辑系统（主要是三段论学说），如我们熟悉的三段论图式“所有的As是Bs，所有的Bs是Cs；因此，所有的As是Cs”。他还研究了归纳理论，确定了逻辑思维的基本规律，从而建立了比较完整的逻辑体系。在亚里士多德之后，古希腊的斯多葛学派着重研究了假言命题、选言命题、联言命题等“复合命题”的推论理论。在该逻辑中，论证“如果p，那么q；p；所以q”可以被形式地表达。“传统逻辑”主要是指后来有所发展的这两部分理论，尤其是亚里士多德的理论。传统逻辑在当时被认为是完美不容置疑的，所以，康德说：“逻辑是一种完成了的科学，它的一切要点在亚里士多德著作中就完成了。”也正是因为对于逻辑学的这种自信，促使人们将法律制度的确定性、稳定性、一致性建立在了传统逻辑学的基石之上。这一理论的主要代表是分析法学，其主要特点是：第一，以法治为基础，第一次确立了作为制度形态的法律推理的自主性。第二，在法律推理标准上，法律推理要求使用内容明确固定的规则，并将其法典化，裁判者根据纠纷中各方实质上的是非曲直做出决定，追求形式正义和正当性。它把一致地适用普遍的规则看作正义的基石，并认为只有独立于相互冲突的价值观而选择的标准或原则，其推理结论才具有真正的有效性。第三，在推理方法上以逻辑推理为主导形式。这种观点认为，一切法律问题都可以通过应用明确的、不变的规则而作出决定，因此一切法律问题的答案都在人们的意料之中，唯一可用的法律推理方法就是逻辑的演绎三段论。在这种模式中，法律规则是大前提，案件事实是小前提，法官只需通过逻辑的演绎推理便能得出明确的法律判决结果。这样一种观点建立在以下理论设计之上。第一，每一项具体的法律决定都是某一抽象的法律命题对某一具体“事实情景”的适用；第二，在每一具体案件中，都必定有可能

---

[1] 转引自《中国逻辑思想论文选》，三联书店1981年版，第5页。

通过逻辑的方法从抽象的法律命题中导出判决；第三，法律必须实际上是一个由法律命题构成的“无空隙”（gapless）的体系，至少也要如此被看待；第四，所有不能用法律术语合理分析的东西都是与法律无关的；第五，人类的所有社会行为都必须构成或者是对法律命题的“适用”或“执行”，或者是对它的“违反”，因为法律体系的“无空隙性”必然导致对所有社会行为的无空隙的“法律排序”（legal ordering）。但是，事实证明，这种认定制定法律完整无缺、法律和事实严格对应、法官如同“自动售货机”的法治观念，不过是一种幻想，一种“法律神话”（legal myth）。1912 年《瑞士民法典》对法律缺漏以及法官补缺作用的明确承认，则是对这种法治观念的彻底否认。[1] 这种法律逻辑观点最大限度地保证了判决结果的确定性和一致性，从而满足了人们对法律这方面的要求，并且这一理论建立在分权的政治基础之上，而数学、科学在推动社会进步方面的巨大作用也有使人们把数学、科学领域所运用的推理方法扩张到社会科学、人文科学包括法学的研究中来，因此以奥斯汀为代表的分析法学的法律推导理论成为近现代最为重要的法律推理理论之一。[2] 但是这一理论的缺陷也是显而易见的，法律规则常常是模糊不清的，甚至是相互矛盾或者存在一些漏洞，因此在法律推理过程中往往存在实质上的争辩和驳难，在这些情况下，形式主义推理理论的僵化和无奈就暴露无遗，使逻辑在法律中的作用日益受到挑战，法律思维中的道德和社会价值等实质性问题受到重视。特别是分析法学的一支被称为“概念法学”的理论在德国兴起，其理论的片面性，以及它实际上为希特勒纳粹政府所利用的历史，使它在二战以后为人们所摒弃，传统的分析法学也因此蒙上了阴影，被认为是不顾法律的道德性，为专制和暴政辩护的法学理论的

---

[1] 《瑞士民法典》第 1 条第 2、3 款规定：如本法没有可为适用之规定，法官应依据习惯法，习惯法也无规定时，法官应根据其作为法官阐发的规则判案，在此他要遵循也已公认的学说和传统。它以鲜明的语言表达了自形式主义法学衰微以来人们普遍承认的一个事实：法律存在漏洞，需要法官通过创制活动予以填补。法国法学家 Geny 说：“也许这是现代立法者第一次以一般规定正式承认法官在立法上的不可缺少的作用。”该法典的做法代表了大陆法系国家以后的立法走向。转引自张志铭：《法律解释操作分析》，中国政法大学出版社 1999 年版，第 28 页。

[2] 这一理论在我国也有广泛影响，一些以法律逻辑命名的教材和一些法理学教材中多采用此观点。

代名词，受到强烈的责难和批判，直到以哈特为代表的新分析法学才重新获得声誉。自20世纪初以来，法理学者尤其是美国的法理学者，对法院审判案件的推理方式进行了广泛而深刻的批判性研究。在这些研究中，产生了各种各样的理论。“这些理论都在讨论司法判决过程中，常常模糊性的被称为‘逻辑’的东西的实际或恰当的地位，其中大多数属于怀疑论。怀疑论者试图表明，尽管表面上演绎推理和归纳推理起着重要作用，但实际上它们仅起着次要作用。一般来说，这种理论倾向于主张，虽然司法判决过程的表面特点表现为逻辑方法和逻辑形式，但这种过程的真正特点表现为‘经验’‘形式主义’或‘合理的直觉’。根据这种理论的某些变种理论，虽然演绎推理和归纳推理意义上的逻辑不起什么作用，但仍由法院在判案中确实或应当遵循的其他法律推理程序或理性标准；而根据较为极端的变种理论，法院判决基本上是任意的。”❶ 对传统法律逻辑的责难主要包括以下几个方面：①逻辑推理只能解决简单案件，而不能解决疑难案件。②法律文本的步骤言行、相互矛盾及缺漏，使推理无法进行下去，因而需要实质推理加以补充。③真正的法律推理实际上从来没发生过，所谓的三段论式推理的依法判案，不过是一种包装。④逻辑推理模式使法律出现了机械性和僵化模式。❷

（2）经典逻辑。逻辑学发展到今天已成为一个庞大的学科体系，鉴于现代逻辑越来越形式化、精确化而表现出的机械、僵化的特点，以日常言谈论辩中的推理、论证为研究对象的非形式逻辑得以迅速发展，自20世纪中期以来，一些以法律逻辑为研究对象的学者提出了各种各样的理论，这些理论可以冠以不同的名称，如论辩推理、实质推理、非形式推理、辩证推理等。这些理论对形式逻辑的批判主要包括以下几个方面：①形式逻辑是建立在命题真值的语义基础之上的，它不适于无关真假命题的推理评价。例如，澳大利亚逻辑学家汉布林（Hamblin）认为，对于前提来讲“真”是个不恰当的标准，因为它既不是充分的也不是必要的。说“真”不是充分的，是因为一个本体论意义上为真的前提并不一定为论证者所知道为真，即认识论意义上未

---

❶ ［英］哈特：“法律推理问题”，刘星译，载《法学译丛》1991年第5期。

❷ 谢晖、陈金钊编：《法理学》，高等教育出版社2005年版，第476~481页。

必为真；说“真”不是必要的，因为在许多领域“真”的观点是有疑问的，真的思想可能假定了不可能的上帝眼中的立场来看待事物。❶佩雷尔曼认为，形式逻辑对论证的评价是从真前提开始，但如何判定前提的真假，这已经超出形式逻辑所讨论的范围。真实论证未必都是从真前提出发的，往往只是从一致起点开始的。他们猜想主导非形式论证的理性可能来自修辞理论的原则，特别是听众的考虑与价值（一种非形式逻辑）。❷ ②形式逻辑研究的核心是演绎推理的有效性，而法律论证的可接受性并不依赖于逻辑的有效性，图尔敏认为演绎有效性对于真实论证的评价来说，既不是充分条件也不是必要条件。除了逻辑标准之外，法律论证尚需另一种可供选择的非形式的、实质的有效性标准。进而提出了他基于法律论证的评价模型——图尔敏模型。③形式逻辑是单调的、封闭的、协调的、单主体的、静态的系统，而法律思维具有非单调性、弗协调性、开放性、多主体性、动态性等特点，对于法律思维的这些特点形式逻辑是无法表达的。④形式逻辑缺乏语境敏感性。形式逻辑只从语法、语义两个方面研究思维的形式有效性，而实际的思维还是与语境相关的，即没有涉及逻辑的语用研究。问题的第三个方面与第四个方面有密切的关系，都涉及批判者所持的逻辑观念是什么，一些非形式逻辑学家认为：“20 世纪上半叶，论证结构被理想化了。数学证明被人们当作成功论证的范式，论证完全被从自然语言的语境中抽象出来。论证研究者们，特别是逻辑学家们主要关注的是作为结果的论证，而不是作为过程的论证。在传统论证理论中，论证被看作是静态性的、缺乏背景敏感性的、无目的性和不考虑主体性的。然而，现实生活中的真实论证却具有动态性、背景敏感性、目的性、多主体性等诸多特征。我们显然无法用基于传统逻辑或经典逻辑的论证评价模型来处理真实论证的上述特征。”❸

这些理论对形式逻辑批判虽然看起来有一定的道理，但这些批判

---

❶ cf. Eemeren, F. H. van et al. Fundamentals of Argumentation Theory, Lawrence Erlbaum, 1996, p. 180. 转引自熊明辉：“论证评价的非形式逻辑模型及其困境”，载《学术研究》2007 年第 9 期。

❷ 熊明辉：“非形式逻辑的对象及其发展趋势”，载《中山大学学报》（社会科学版）2006 年第 2 期。

❸ 熊明辉：“论证评价的非形式逻辑模型及其困境”，载《学术研究》2007 年第 9 期。

亦然建立在对逻辑的错误的理解基础之上，并不能否定逻辑作为法律思维分析工具的重要作用。

首先，对于来自第一个方面的指责，逻辑真值并不是形式逻辑唯一的语义，所谓逻辑的真假并不是，或者说不仅是认识论意义的真假，而是一个抽象的状态，可以把它解释为一般认识论意义上的真假，也可以解释为电路的开和关，数学上的 1 和 0……在这方面，它和逻辑词汇、语法、公理、推理规则的选择同样是灵活、自由的。

其次，对于来自第二个方面的指责，显然混淆了逻辑在法律舞台上应该扮演的角色。“逻辑有效性是合理性的一个必要条件，尽管它本身不是充分条件。逻辑只涉及前提和结论之间的形式关系，而对从实质意义上前提是否能够令人接受，以及在各种法律规则之间作出的选择是否得以证立的问题不置可否。在逻辑方法中，合理性并不等同于形式有效性。要全面评价法律论证，除了形式标准以外，还要求实质标准。”❶作为法律思维的分析、评价工具，“所有的论证都是向形式分析开放的，同样也是向非形式逻辑开放的。前者是关于论证的有效性的，后者是关于前提的可接受性的”。并且，按照 Arend Soeteman 的观点，或者这样一个论证可以通过增加一个可以接受的前提使其形式有效，或者不能。如果能使其有效，最好的事情就是增加这样一个可以接受的前提并使其保持形式逻辑的有效。如果一个论证不能通过增加一个前提而使其形式有效，那么它就应该作为无效的论证而被抛弃。因此，非形式论证完全可以发展成为形式论证，并且由于法律结论对于当事人的严肃性，法律论证也应该建立在这样一个形式论证的基础之上。

再次，对于来自第三个方面的这种指责显然没有看到现代逻辑最新的发展，因为现代逻辑具有灵活的建构性特点，大量的能够表达这些特点的非单调逻辑、弗协调逻辑、开放逻辑、多主体逻辑、动态逻辑已经建构了出来。我们必须以发展的眼光探寻所有有助于法律思维的工具。演绎逻辑虽然有很大的局限性，但作为一种方法和工具，逻辑学研究的对象不断地扩展，从单纯为数学研究奠定基础而扩大到认

---

❶ ［荷］伊芙琳·T. 菲特丽丝：《法律论证原理——司法裁决之证立理论概览》，张其山等译，商务印书馆 2005 年版，第 36 页。

知、伦理、法律、经济、人工智能等领域。自20世纪初以来，先后出现了一些不同于传统演绎逻辑的新的逻辑理论，它们分别从不同角度解决传统演绎逻辑的异常现象。这些逻辑理论的发展为法律逻辑的发展开辟了新的道路，一方面，它采用了现代逻辑强大的工具，使对逻辑思维的表达、判定更加精确和深刻；另一方面，它又摆脱了经典逻辑的一些限制，使现代逻辑不只是局限于作为数学分析的工具，使其研究范围更加广泛。特别是它和人工智能理论的融合，既可以通过功能模拟的方法建立智能法律专家系统，同时，这种模拟也使人们第一次打开了神秘的法律思维的“黑匣子”，从整体和局部两个方面对法律思维进行分析和评价。一方面，这些理论通过对法律思维功能模拟，有助于真正揭示法律思维的结构和模式，它通过分支融合的方发引入其他影响法律判断的时态、意愿、行为、主体等因素，使人们对这些因素在法律思维中的作用和意义有了更加清晰、深刻的认识。另一方面，可废止弗协调等推理模式被广泛地应用，从而对法律推理、法律论证的逻辑特征更富启迪性的认识。这种方法对于直接的实践而言也许因为其过于复杂而显得价值不大，但作为理论探索工具随着研究的深入仍会被不断地展现出来。

另外，一些传统认为涉及实质内容推理的理论，如法律论题学理论也可以根据形式逻辑得以表达，其基本思路是：首先，就可能的论题提出最大的交集，作为讨论的平台和基本的前提（这一点可以比较罗可辛所说的问题性思考的第一阶段），即“任意地选出或多或少带有偶然性的各种观点，尝试性地把它们拿出来”。其次，每一个不同的一致知识集可以作为补充前提，形成不一致的扩张（这应该理解为第二个阶段，就一定的问题，预先形成各种观点的目录，即topoi目录，按照这个目录探求问题的解决）。最后，对不同的扩张进行审查，形成结论。假如一个可废止理论只有一个扩张，那么就只会有一个结论，如果有不同的扩张，就会有不同的结论，对此可以有两种不同的策略：任意扩张都可作为最终的结论，这是一种轻信的策略；各种不一致策略的最大交集作为最终的结论，这是一种谨慎的策略。因为每一种结论都是基于基本前提和补充前提演绎推出的，所以结论的不一致的本质在于补充前提的不一致，因此这种解决方案依赖于两点：一，补充前提及可废止规则的优先关系的确定，这不是逻辑所能解决的，而应该由主体以外显的方式予以明确，如法律价值、原则的优先关系。二，论证程序的基本规则，一个正确的论证必须遵守三个体系的规则，①法律规则；②逻辑规则；③程序规则。当根据法律规则、逻辑规则无法确定最终结论时，论证必须按照程序规则进行，如主张者履行论证责任规则，论证终止规则等。

最后，对于来自第四个方面的指责，认为形式逻辑只从语法、语义两个方面研究思维的形式有效性，而实际的思维还是语境相关的，即没有涉及逻辑的语用研究，并提出了相干性、充分性和可接受性标准。很显然，满足这些标准确实是保证思维正确性的必要条件，但如何界定这些标准并不是逻辑学所要做的，而是所有法律方法共同的任务。因为缺乏明确的可判定标准，所以基于非形式逻辑得出的结论是或然的，它所提供的是增加说服力或者前提对结论支持度的方法，这种方法无法像演绎推理那样提供一套严格的可判定标准，而对前提的发现和选择虽然体现着经验与智慧之光，但对于一般的人来说显得神秘而不可捉摸，并且由于其不确定性的特点，似乎也无法为法学的刚性提供可靠的基础。

理论的批判固然重要，但是这种批判的价值还取决于批判后的建设，那么在批判了形式逻辑的不适宜性之后，非形式逻辑理论又为我们提供了什么呢？图尔敏提供的不过是一个扩展了的三段论模型，增加了对于推理前提可接受性的论证，但“什么样的”前提是可以接受的并不是一个单凭逻辑就能解决的问题，我们认为形式逻辑的一个优点在于通过对问题的严格界定，确定自己的能与不能，它所能做的就是保证如何从承诺的前提中推出必然的结论，它所不能做的，如法律概念、规则的阐释、选择等自有法律解释、利益衡量等法律方法来完成，很显然，一些所谓的非形式法律逻辑体系只不过把一些本不应由逻辑负责的任务纳入了自己的研究范围，就逻辑的核心任务，即保证结论的有效性而言，非形式逻辑能做到的，形式逻辑也能做到，形式逻辑做不到的，非形式逻辑也做不到。至于佩雷尔曼所提到的诉诸于新修辞学的解决方案，我们认为存在更多值得商榷的地方。例如，其核心思想之一是把听众的认可作为论证的可接受性的评价标准，但什么样的论证可以被听众接受呢，什么样的听众有资格评价论证的可接受性呢？佩雷尔曼的答案是理性的听众，那么论证主体完全可以说他

（们）所有的论证都是可接受的，如果有听众认为它们是不可接受的，是因为这些听众是不理性的；而任何一个听众都可以对所有的论证作出自己的评价，因为他（们）自认为是理性的。所以，在没有对理性的作出明确的界定之前，以其作为评价论证的标准必然导致各自为是的结果。

事实上，我们并不完全否定非形式逻辑的作用，在法律思维的过程中，它能够提供一些合情论证的方法，使前提对结论有一定的支持和评估，这是形式逻辑不能做到的，但它与形式逻辑不是替代或竞争的关系，而是相互补充的合作关系。

（3）广义模态逻辑。以上分析表明人们对于法律逻辑的理解存在着严重的分歧，一种是坚持逻辑即理性的广义逻辑观，其实质是将逻辑分析方法视为一般方法论，一种观点是坚持逻辑即形式逻辑的狭义逻辑观。按照英国当代著名法哲学家麦考密克的说法："合乎逻辑这个词语至少有两层含义，它们仅部分一致。从演绎逻辑推理这一意义上讲，如果一个命题符合逻辑本身的要求，换句话说，如果结论部分是通过前提严格推理得出的，那么该命题就合乎逻辑。""然而，我们平常所运用的'合乎逻辑'一词具有更宽的含义……某一行为或某一事实陈述，我们可以说它们不合逻辑，这是因为它们有讲不通的地方。""如果一个法律推理的大前提'不合逻辑'，那么对由该大前提得出的推论，也就打上了不合逻辑的烙印。"[1] 德国法学家乌尔弗里德·诺伊曼认为，法律逻辑学的概念有双重含义，因为逻辑学这个概念被在广义和狭义上使用。在广义上，"逻辑学"更指"方法论"，在这个含义中，被用于谈论"社会科学的逻辑学"或"文化科学的逻辑学"。在这个意义上，"逻辑不仅指形式逻辑，而主要是指价值判断。这也就是说，逻辑学已不仅是指研究思维规律的科学，不仅是从形式方面去研究概念、判断和推理，而主要是研究它们的实质内容"。[2] 在狭义上，逻辑学的概念仅涉及形式规则，即关涉其有效性不依赖于特殊适用范围之规则。如果人们以狭义的概念为基础，那么，就能有充分理由去怀疑一种特殊的"法律"逻辑学之存在。谈论特殊的法律逻

---

[1] N. Mac Caormick, Legal Reasoning and legal Theory, Oxford University Press, 1978, pp. 38－39.

[2] 沈宗灵：《现代西方法理学》，北京大学出版社 1992 年版，第 451 页。

辑学，就像说医学或生物学逻辑学一样，显得无甚意义。在这种情况下，“法律逻辑学”的问题，可能只是把普通逻辑运用到法律和法学中去。[1]事实上，我国法律院系广泛开设的法律逻辑学大多就是“把普通逻辑运用到法律和法学中去”[2]。这一观点基于传统的逻辑概念，认为逻辑只关涉思维形式结构，“不存在有实质内容的逻辑，如果我们关注推理中的实质条件，那么，我们就远离逻辑而进入修辞学、辩证法、论辩并最终进入方法论的领域，但它不能被恰当地称为逻辑”。[3]基于以上分析我们认为，法律逻辑学作为一门学科是不存在的，它要么是广泛意义上的法律方法论，要么是法律领域中的逻辑分析方法，该逻辑方法同其他领域中的逻辑方法没有实质的差别。第二，逻辑一元论与逻辑多元论。事实上，以上无论是广义的逻辑观还是狭义的逻辑观都是逻辑一元论的观点，按照这种观点肯定法律逻辑的存在就会导致一些荒谬的结论，“如果法律家只使用如三段论或置换法之类的普通推理模式，那么，说存在法律逻辑便如宣称存在动物学逻辑一样没有理由：从大象比狐狸大、而狐狸又比老鼠大的事实中，可推理得出大象比老鼠大的结论。倘使在所有领域皆使用相同的逻辑，则‘法律逻辑’的表述就会如同在国家统计学家列出计算交易数目问题时称之为法律算术一样不正常”[4]。在人类文明的诸多知识体系中，逻辑科学具有鲜明的学科特点和性质，一方面，它是一门工具、方法论性质的科学，是作为认识的工具和方法产生出来的，体现了人类思维普遍性的一面，在这个意义上，逻辑学被称为研究思维形式及其规律的科

[1] ［德］乌尔弗里德·诺伊曼：“法律逻辑学”，载［德］阿图尔·考夫曼、温弗里德·哈斯默尔主编：《当代法哲学和法律理论导论》，郑永流译，法律出版社2002年版，第315页。

[2] 吴家麟先生主编的《法律逻辑学》认为：“法律逻辑学是一门应用性质的形式逻辑分支。”“法律逻辑学不是法学的一个部门，而是形式逻辑学的一个部门；它是处于形式逻辑学下面一个层次的逻辑分支学科。”“它的任务在于把形式逻辑一般原理应用于法学和法律工作的实际，探索在法律领域应用形式逻辑的具体特点，因此，法律逻辑学并没有与传统形式逻辑不同的特殊对象，研究的还是属于思维领域的现象。”参见吴家麟：《法律逻辑学》，群众出版社1982年版，第3~4页。

[3] ［比］佩雷尔曼：“法律推理”，朱庆育译，载陈金钊、谢晖主编：《法律方法》（第2卷），山东人民出版社2003年版，第134页。

[4] ［比］佩雷尔曼：“法律推理”，朱庆育译，载陈金钊、谢晖主编：《法律方法》（第2卷），山东人民出版社2003年版，第135页。

学。另一方面，逻辑学的产生和发展也离不开认识实践的推动，实践证明一种逻辑类型或分支的建立，最后总能映射到某方面实践或某些科学的需要上，并因和特定对象领域的结合，打上该对象领域的深刻烙印，甚至该对象领域所揭示的逻辑规律和方法只为该对象领域所特有，我们往往把这样的逻辑称为某某逻辑，如法律逻辑、经济逻辑等。因为不同领域逻辑结构和方法的不同，所以逻辑应该是多元的，而不是一元的。只不过由于长期以来人们所掌握的逻辑主要是以亚里士多德逻辑为主要内容的普通逻辑，并由于其应用的广泛性而认为这种逻辑是唯一的逻辑。我们认为，把法律作为限定词置于逻辑之前，从而使法律逻辑成为区别于普通逻辑及其他逻辑成为独立的逻辑分支，那么法律逻辑就必然应该具有普通逻辑或其他逻辑不具有的特征和属性，这些特征和属性反映了法律领域独有的逻辑形式和方法。这样的法律逻辑不是普通逻辑在法律领域中的应用，而是以现代逻辑，主要是以近几十年来发展起来的广义模态逻辑为理论基础的规范（道义）逻辑研究。这一结论当然也不是否定普通逻辑对于法学的重要意义，作为一门研究思维基本规律和方法的基础学科、工具学科，普通逻辑学对普及逻辑思维知识，提高法科学生较强的理性思维能力，培养严谨、严密的理性思维品格是非常必要的，而作为一种重要的分析方法更是其他方法替代不了的。

（4）非形式逻辑。相对于传统逻辑和经典逻辑只研究推理和论证的形式结构，非形式逻辑更多地着重于推理的语境等实质性要求，强调自己的非形式特征就是把自己和被称为形式逻辑的传统逻辑和经典逻辑区分开来。因为经典逻辑不可能很好地刻画法律推理，这也成为人们质疑逻辑对于法律的作用的主要原因。20 世纪 50 年代始各种被称为非形式逻辑的法律方法据此而兴起，他们认为法律推理的逻辑是一个区别于形式逻辑的完整系统。“在这个系统中，各种法律推理的方法都可以视为广义的逻辑方法，如演绎逻辑、归纳逻辑、类比逻辑、概率逻辑、模糊逻辑、辩证逻辑乃至实践理性的经验逻辑等等。”❶ 佩雷尔曼认为：“逻辑不仅指形式逻辑，而主要是指价值判断。也就是说，逻辑学不仅是指研究思维规律的科学，不仅是从形式方面去研究

❶ 张保生：《法律推理的理论与方法》，中国政法大学出版社 2000 年版，第84 页。

概念、判断和推理，而主要是研究它们的实质内容。”[1] 很显然，这里的逻辑不只是局限于一般意义上的形式逻辑，一些所谓的非逻辑法律推理实际上是指非形式逻辑法律推理。1931 年，德国逻辑学家 Scholz 在《简明逻辑史》一书中首次使用了“非形式逻辑”这一概念。图尔敏提出了一个不同于“前提—结论”式的论证结构模型：给定证据事实 D，既然依据 W 有 B 作为支撑，因此，带量词的主张 C 成立，除非存在特定的反驳使这个推理不成立。图尔敏认为，“演绎有效性对于真实论证的评价来说，既不是充分条件也不是必要条件”，进而提出了他基于法律论证的评价模型——图尔敏模型。佩雷尔曼认为，形式逻辑对论证的评价是从真前提开始，但如何判定前提的真假，这已经超出形式逻辑所讨论的范围。真实论证未必都是从真前提出发的，往往只是从一致起点开始的。他们猜想主导非形式论证的理性可能来自修辞理论的原则，特别是听众的考虑与价值（一种非形式逻辑）。[2] 根据熊明辉博士的研究，非形式逻辑学家所研究的论证分为两种类型：一是作为静态结果（argument-as-product）的论证，二是作为动态过程（argument-as-process）的论证。基于这两种不同的论证类型，形成了非形式逻辑的两大学派：形式论辩学派和语用论辩学派，形式论辩学派和语用论辩学派的一个关键区别在于论证类型论。前者基于论证的传统分类把论证分为演绎论证、归纳论证和谬误（或谬误论证）三种类型，而后者则大胆地把论证分为演绎论证、归纳论证和似真论证（或假定论证、传导论证）等。换句话说，前者在传统或主流的“逻辑”概念下研究论证的分析与评价，后者则超越了传统或主流的“逻辑”概念来研究论证的分析与评价。进而认为，传统意义上的非形式谬误并非都是谬误，有时还正好是一种合理论证模式。这些理论为逻辑史研究提出了新课题。[3]

非形式逻辑兴起表明人们逐渐认识到把法律推理和论证归结为逻辑形式的有效既是不可能，也是不恰当的，就其本质而言，法律领域

[1] 沈宗灵：《现代西方法理学》，北京大学出版社 1992 年版，第 451 页。

[2] 熊明辉：“非形式逻辑的对象及其发展趋势”，载《中山大学学报》（社会科学版），2006 年第 2 期。

[3] 熊明辉：“非形式逻辑的对象及其发展趋势”，载《中山大学学报》（社会科学版），2006 年第 2 期。

逻辑的特点是：第一，法律推理是一种正当性证明的推理。自然科学和数学研究中的推理是一种寻找和发现真相和真理的推理。而法律领域中的推理不但要从前提出发得出一个结论，还要为该结论提供合理、充分的理由，并为结论的正当性提供论证，这是法治区别与人治的根本标志之一。法律工作者“不仅要善于思考，而且还要懂得怎样使别人信服他说的话是真实可靠的，信服他的看法是对问题的适当解答，信服他的意见按照法律界惯常的评价是正确的”。❶ 第二，法律推理是实践推理。法律推理不仅仅是一系列的纯粹理性思维活动，从其出发点、推理过程和最终结果来说都具有社会实践性，法律调整对象是社会生活中形形色色的复杂的社会关系，其目的在于探求最佳的社会纠纷解决方案。在法律事实简单，法律规则明确具体的时候，法律推理通常表现为演绎推理的模式，但法律并不具有严格的明确性、一致性和完备性，在法律规则存有矛盾或者相互竞争的情况下，演绎的推理方法往往就无能为力了，而是常常要诉诸于社会正义、公平、惯例等社会的标准，对不同的法律理由和可能的推理结果通过辩论、评价、裁断的方式，作出一个法官本人认为最好的结果，这使法律推理比其他的推理包含着更直接的目的性和现实性。第三，法律推理是结果论的推理模式，它必须考虑以一种或另一种方式作出裁决结果，即它关注结果的可接受性和不可接受性，即它在内在方面是评价性的；在对法律理由和推理结果进行评价和裁断时，可以有多重标准，这些标准的最终确立除了受特定的法律背景约束外，还受法官本人的思想、经验、价值观等方面的影响，导致不同的法官由于对裁决标准的不同倾向而对同一案件作出不同的判决，因此法律推理具有一定的主观性。

对于非形式逻辑的批判主要来自逻辑学界，他们认为传统逻辑和经典逻辑的本质都是形式化的，甚至可以说，逻辑本身就是形式化的，“在这门逻辑学的名字前添上‘形式’二字是多余的”。❷ 而非形式逻

---

❶ ［波］齐姆宾斯基：《法律应用逻辑》，刘圣恩等译，群众出版社 1988 年版，第 352 页。

❷ ［美］伊勒玛·塔麦洛：“形式法律推理的潜力和展望”，蔡希杰、陆升、张兆梅译，载北京市逻辑学会编印：《逻辑学会资料》（一），1982 年。http：//legallogic. blogchina. com/js/1761156. html。

辑根本上就不是逻辑，“虽然在谈到逻辑的各种引申的意思时，都有其历史根源，我们还是最好把‘逻辑’这一术语专门用来指当前主要由我们称为的‘逻辑学家’，而不是由科学方法论者、知识论学者、形而上学家等所发展起来的那种思维科学。只要仔细看一下后面所有这些人的工作，我们就会发现，他们的专门研究跟我们通常称为的逻辑学家所研究的内容是完全不同的，因此把他们正在各自专门从事的工作看作一种逻辑推理，对任何合理地组织思想的工作都会是有害的。”❶ 我们认为，非形式逻辑的主要缺陷在于其对于什么是有效或正确的推理和论证缺乏确定的判定标准。笛卡儿认为，一个主张要合乎理性，就必须建立在一种类似于数学家所具有的那种洞见的基础之上，只有那种被认为是具有绝对必然性的而且不会被质疑的东西，才属于理性认识的范围。然而，在非形式逻辑建构的法律论证体系中包含四个层面：第一，逻辑层面，它界定论证是什么，也就是说，一系列信息如何被组织起来以对于某一个主张提供基本的支持。第二，论辩层面，集中讨论冲突的论证。它界定这样一些概念，如“抗辩”“攻击”“辩驳”和“击败”等，它也确定给定的一个论证的集合和评估标准，以决定哪一个论证成立。第三，程序层面，它规范论证如何进行，也就是说，论证主体如何提出或者挑战一条新的信息以及陈述一个论证。程序层面区别于前两个层面的关键点在于，其他的层面假定存在一个固定的前提集，而在程序层面前提集是在论辩的过程中被动态的建构的，这一点也适用于发现的层面，即第四，策略层面或者直观推断的层面，它为一个争论能够在一个第三层面的程序的进行提供理性的方法。❷ 在这四个层面中，只有逻辑层面的演绎推理方式是被经典逻辑看作有效的推理模式，而论辩层面和程序层面只有一些约定的非形式化的规则，策略层面或直观推断层面运用了大量的在经典逻辑中被视为无效的推理模式，如溯因推理、似真推理等。我们认为，逻辑对于理性认识的作用之一就在于其能够为正确的推理提供明确的、严格的

❶ ［美］伊勒玛·塔麦洛：“形式法律推理的潜力和展望”，蔡希杰、陆升、张兆梅译，载于北京市逻辑学会编印《逻辑学会资料》（一），1982 年。http：//legallogic. blogchina. com/js/1761156. html。

❷ Henry Prakkenl and Giovanni Sartor，The Role of Logic in Computational Models of Legal Argument：A Critical Survey. http：//www. cs. uu. nl/staff/henry. html.

判定标准，而非形式逻辑虽能提供一些合情论证的方法，使前提对结论有一定的支持和评估，这对于日常思维也许是有益的，但非形式逻辑并不能像经典逻辑那样得出一个必然的结论，这一点对于法律推理而言可能是致命的缺陷，因为“只要一个法律论证不能被刻画为是形式有效的，一个可替代的结论就是可能的，即使一个人完全接受这个论证的前提，那么，其结论最终就没有被完全的证立。存在太多的法律论证超过单纯的司法论证，但是对于司法论证来说，结论得到证明是最重要的：当事人可能被送往监狱或者被判决赔付一大笔钱。同样许多其他重要的结论被法官作出。在另外的一些法律论证中，其重要性也许没有这么严重，但也是重要的，因此当一个人给出一个论证证明某结论时，其意思是该结论是证立的”。[1]

2. *法律思维的基本逻辑形式及分析方法*

法律思维是理性思维活动的一种具体形式，对其进行逻辑分析首先应将法律陈述按照逻辑的基本形式和方法进行重构，然后按照一般逻辑规则和每种思维形式的具体规则对其分析、评判。理性思维的基本形式包括：概念、命题和推理。相应的法律思维的基本形式是：法律概念、法律命题和法律推理。

（1）法律概念的逻辑分析方法。概念是理性思维的最小元素，其最基本的逻辑特征是按照特定标准将纷繁复杂的事物分为不同的类型或种类。这一特征对于法律具有特别重要的意义。“法律的基本作用之一乃是使人类为数众多、种类纷繁、各不相同的行为与关系达致某种合理程度的秩序，并颁布一些适用于某些应予限制的行动或行为的行为规则或行为标准。为能成功地完成这一任务，法律制度就必须形成一些有助于对社会生活中多种多样的现象与事件进行分类的专门观念和概念。这样它就为统一地和一致地调整或处理相同或基本相似的现象奠定了基础。”因此，“概念乃是解决法律问题所必需的和必不可少的工具，没有限定严格的专门概念，我们便不能清楚和理性地思考法律问题。没有概念，我们便无法将我们对法律的思考转变为语言，也无法以一种可理解的方式把这些思考传达给他人。如果我们试图完

---

[1] Arend Soeteman, Legal logic? Or Can We Do Without? Artificial Intelligence and Law 11: 197 – 210, 2003.

全否弃概念，那么整个法律大厦将化为灰烬”。[1] 法律概念还是构成法律命题、法律推理的最基本的元素，事实上，当我们对一法律命题或法律推理进行分析时，最大的困难并不在于法律命题或法律推理本身，而是怎样理解其中的法律概念。例如，波斯纳在解释为什么三段论“所有的人都会死；苏格拉底是人；因此苏格拉底会死”有效时，曾做过一个隐喻：结论之所以令人完全信服“只是因为这个结论，即苏格拉底会死，已被包含在大前提对‘人’的界定中了。这个前提实际说的是：这里有一个贴了标签‘人’的箱子，箱子里有一些东西，其中每一个都‘会死’。小前提则告诉我们，箱子里的东西都有一个名字牌，其中有一个牌子上写的是‘苏格拉底’。当我们把苏格拉底拿出箱子时，我们就知道他是会死的，因为箱子里唯一的东西都是会死的。因此，我们拿出来的不过是我们预先放进去的东西”[2]。当我们从特定箱子里拿出某物，只不过是从众多的东西中选择特定的一个成为我们注意的对象，这个对象当然具有其所在箱子上所贴标签标示的属性，所以说我们并没有作出什么新的断定。但事实上，法律推理的难点不是把什么东西从贴着标签的箱子里拿出来，而是把现实中错综复杂的事物放进众多的贴着不同标签的箱子中去，这时候我们往往发现，有的事物可以放进不同的箱子中，而有的事物放进任意一个箱子中都不合适。当我们把特定对象放入一个箱子，并断定它具有箱子标签所规定的属性时，我们所得出的结论已超出了原有知识的范围，也就是有了知识的创新。法律作为一般调整的特点决定了它不可能事先就把错综复杂的现实和未来分门别类地依次放入不同的箱子（法律规范）中，而是抽象地规定出不同箱子容纳不同东西的条件和要求（构成要件），在案件审理时，几乎每一个案件都需要按照这个条件和要求进行具体分析，以决定把它放入哪一个箱子中去。这便涉及法律概念的不确定性及如何明确不确定的法律概念问题。从根本上讲，法律概念的不确定性源于概念的概括性逻辑特征，事物的属性总是非常丰富而复杂的，当我们以相对简单的标准对其进行分类时，势必要将一些我

[1] ［美］E. 博登海默：《法理学——法律哲学与法律方法》，邓正来译，中国政法大学出版社 1999 年版，第 484 ~ 489 页。

[2] ［美］理查德 · A. 波斯纳：《法理学问题》，苏立译，中国政法大学出版社 1994 年版，第 49 页。

们认为不那么重要或非本质的属性抽象化，这样，自然所创造的一致性和差异性同人之心智为描述自然的目的而创造的一般性概括和区分并非总是契合的。因此，在司法实践过程中，我们经常会发现规范涵摄的难题，如规范 A 包括 c、d、e、f 构成要件，规范 B 包括 c、d、e、g 构成要件，案件事实 T 具有 c、d、e、f、g 等属性，因此导致将案件 T 归类于 A 或 B 间产生分歧。例如，某人 A 因患有奇怪的疾病，最后变成了植物人。其已没有能力思维，但心脏和肺仍具有正常的功能，那么，对某人是否死亡的认定就必须依赖于对“死亡”概念的具体化，假如说法律规定“只要没有了思维能力，便可认定为死亡”。那么，在多大程度上可以认定为没有了思维能力呢？事实上，对于死亡的标准可以从不同的方面进行认定，每一个人的死亡都是具体的死亡。法律规定，“被继承人死亡之时继承开始”。假如 A 的后代 B 提出了继承财产的要求，理由是 A 已经“去世”。A 的律师可以认为，第一，在一般意义上说 A 死亡了是有道理的，因为人作为真正意义上的人，便在于具有意识。现在 A 已停止了意识，显然已失去人的存在的基本特征。但不可忽视的是 A 仍可以呼吸，心脏具有正常的功能，人们不能忽略其本身的利益，正如不可忽略没有基本意识的胎儿和缺乏正常思维能力的精神障碍者的利益一样。第二，随着医学的发达，存在 A 有朝一日恢复意识的可能。因此，不能断定 A 已死亡，也可以据此作出驳回 B 的财产继承请求。而 B 的律师认为：第一，允许 B 继承遗产并不意味着不保障 A 的利益。当 B 继承遗产后，可以更好地在其财产状况改善的条件下为 A 提供更好的治疗。第二，在目前即可预料的时间内，A 不可能恢复意识。这意味着 A 将一直保持现状直至停止呼吸。在法律上，之所以规定继承，原因之一便在于人死亡之后不能再有效支配自己的财产，而如果是财产控制处于“真空”状态，便是一种资源的浪费。因此，应作出支持 B 请求的判决。[1] 因此，不同的人对于“死亡”的理解是不同的，不同的人在不同的时候对于“死亡”的理解也是不同的，法官在做法律推理时，必须将抽象的法律规定上升为对案件的具体规定，从而作出相应的判决。而有些概念比“死亡”这类的概念更难以认定，如法律禁止制造、贩卖淫秽物品，那么什么是

[1] 刘星：《法律是什么》，中国政法大学出版社 1998 年版，第 291～293 页。

淫秽物品呢？事实上，尽管法律有具体的规定，但在具体适用法律时对淫秽物品的认定是极其难以依赖的，以至于一位法官说："对于什么是淫秽物品，只有我亲眼看到后才能认定。"不确定法律概念产生的另一个根源在于表达概念的语言相对匮乏，"不管我们的词汇是多么详尽完善、多么具有识别力，现实中始终会有一些为严格和明确的语言分类所无能为力的细微差异与不规则的情形"❶，不确定的法律概念是造成法律不确定的重要因素，也是司法实践过程中需着力解决的难题之一，在这方面，逻辑分析方法能提供较大的帮助。从逻辑角度来看，不确定性法律概念，是指内涵歧义、外延模糊的概念，内涵是对象的性质，外延是所指的具体对象，概念的内涵和外延间存在着一种反变关系，即内涵越丰富，外延越小，内涵越简约，外延越大；反之亦然。对不确定法律概念的明确主要从明确概念的内涵和外延两个方面入手，通过定义、划分、限制与概括等手段，按照概念内涵与外延的反变关系，根据需要扩大或缩小概念的内涵和外延，以达到明确概念的目的。具体来说应注意以下几个方面：第一，理解和掌握每一法律概念的逻辑特征，即从该法律概念的内涵或外延着手加以分析和掌握。例如，"近亲属"日常生活中虽有着一般的含义，而其所指则是模糊的。但成为法律概念后，就应有着确定的法律意义。我国刑事诉讼法第 82 条第 6 项规定："'近亲属'是指夫、妻、父、母、子、女、同胞兄弟姊妹。"有了这一规定，"近亲属"这一概念的外延相对就确定了。但进一步分析我们会发现，其中"父、母、子、女"是否仅指亲生的，"养父母、继父母"，"养子女，继子女、非婚生子女"是否包括在内？如果包括在内，则"同胞兄弟姊妹"的外延似乎过窄，因为"养子女"和"亲生子女"间是否属于"同胞"兄弟姊妹有问题。可见只有把这些概念的外延都了解清楚，才能明确"近亲属"在我国刑事诉讼中都包括哪些对象。这就需要立法上或司法上进一步的解释。第二，理解和掌握法律概念间的逻辑关系。首先，要辨清不同的法律概念是属于哪一种法律或法律部门。譬如"刑事拘留"和"拘役"就属于不同的法律。前者是刑事诉讼法中的一种强制措施，

❶ ［美］E. 博登海默：《法理学——法律哲学与法律方法》，邓正来译，中国政法大学出版社 1999 年版，第 486 页。

而后者则是刑法中的一种刑罚。其次，要分清同一种或同一法律部门中法律概念的位阶和层次关系，即逻辑上相互间的包含关系。例如，在我国刑法中，下面所表示的都有着从属概念过渡到种概念的真包含关系：犯罪→故意犯罪→贪污贿赂罪→受贿罪。最后，还要区别同一法律用语在不同法律中的不同法律意义，以及同一法律用语在不同法条中的不同含义。例如，我国继承法第 10 条关于法定继承人中有关“子女”“父母”“兄弟姐妹”这些概念都作了详细的规定：“本法所说的子女，包括婚生子女，非婚生子女、养子女和有扶养关系的继子女”；“本法所说的父母，包括生父母，养父母和有扶养关系的继父母”；“本法所说的兄弟姐妹，包括同父母的兄弟姐妹，同父异母或者同母异父的兄弟姐妹、养兄弟姐妹，有扶养关系的继兄弟姐妹”。而对其中“养兄弟姐妹”还有进一步的司法解释：“养子女与生子女之间，养子女与养子女之间，系养兄弟姐妹。”❶ 由此看来，我国继承法中的“父母”，“子女”，“兄弟姐妹”与我国刑事诉讼法中的这些法律概念就有所异同。❷

（2）法律规范的逻辑分析。法律规范是最重要的法律命题形式，它表明了法律对特定行为的治理方式，也是适用法律进行法律推理的前提。法律规范由假定条件、行为模式、法律后果三要素构成。所谓假定（或假定条件），是指法律规范在什么时间、空间，对什么人适用，以及在什么情况下法律规范对人的行为有约束力。所谓处理（或行为模式），是指法律规范中规定人们做什么或禁止人们做什么，即规定人们如何行为之方式或范型的部分。所谓制裁（或法律后果），是指法律规范中规定的不按（或按照）法律规范的要求而行为所应承担的法律后果。那么，一个完整的法律规范的逻辑结构可以表述为：“如果具有性质 T 的人，并且出现情况 W，那么，必须（禁止或允许）C，违者处以 S。”但是，实际的法律规范并不一定完整的表达出这三个部分，而是根据法律体系的语境予以缺省。其主要形式包括：第一，在同一法律规范体系中，把一规范的假定、处理、制裁部分，分别表述在不同的法律文件中。因而，在具体的法律文件中，某些规范就只

---

❶ 《最高人民法院关于贯彻执行〈中华人民共和国继承法〉若干问题的意见》，1985 年 9 月 11 日。

❷ 参见李振江主编：《法律逻辑学》，郑州大学出版社 2004 年版，第 35 ~ 36 页。

有这三个部分的一个或两个。第二，在同一法律文件中，把这三部分分别表述在不同的条文中。这样，就某一条文而言，就只有三个部分的一个或两个部分。我们说将法律规范的某部分予以省略只是出于使法律表述更为简洁，在进行法律思维时，必须根据该结构形式将缺省的部分补充完整。[1]

法律规范的假定和处理部分通常合称为“行为模式”，制裁部分称为“法律后果”，这样，一个法律规范就表现为“如果 p，那么 q”的假言命题，该命题表明：一旦某种假定的行为发生，必将导致相应的法律效果，例如刑法第 14 条第 2 款规定：“故意犯罪，应当负刑事责任”其中“故意犯罪”是构成要件，“应当负刑事责任”为法律效果。需要注意的是，命题的逻辑特征在于其有真和假，而对于作为法律规范表现形式的假言命题，因为它规范的是特定行为，因此很难说它具有普通逻辑命题的真值，这也是形式化法律逻辑遭人诟病的重要原因之一。但是，如同根据一个命题与其表达的客观对象是否一致确定该命题的真假，我们完全可以根据一规范命题是否包含于特定规范体系赋予它特殊意义的真值。需要强调的是，“如果 p，那么 q”只是表明了命题 p 和 q 的逻辑关系，并不表明命题 p 或命题 q 表示的事物状态过去、现在或者将来是真实可靠的。这样一个规范构成了法律推理的大前提，当一具体的案件表明 p 成立时，就必须肯定 q 也是成立的，否则就会导致自相矛盾。[2]

在对法律规范进行逻辑重构时，还必须对“如果 p，那么 q”的逻辑关系进行具体分析。在自然语言中，“如果 p，那么 q”表达的逻辑关系存在歧义，在该命题中，p 既可以是 q 的充分非必要条件，也可以是充分必要条件。在充分非必要条件的情况下，p 构成要件并没有把所有可能引起 q 法律效果的情形全部列举出来，而只是就其中部分情形予以例示。因为不存在必要条件，所以有“非 p，未必有非 q”，也就是说法律规范“如果 p，那么 q”不允许进行反面解释，如“故意犯罪，应当负刑事责任”的反面解释就是不成立的。相反，在充分必要条件的情况下，p 构成要件已把所有可能引起 q 法律效果的

[1] 参见郝建设主编：《法律逻辑学》，中国民主法制出版社 2006 年版，第 84 ~ 87 页。

[2] 参见［英］麦考密克：《法律推理与法律理论》，姜峰译，法律出版社 2005 年版，第 17 ~ 51 页。

情形全部列举出来。因此，有“非 p，那么非 q”，也就是说可以对法律规范“如果 p，那么 q”进行反面解释，如著作权法第 4 条第 1 款“依法禁止出版、传播的作品。不受本法保护”其反面解释“凡不属于法律禁止出版、传播的作品，均受本法保护”就是成立的。

（3）法律推理的逻辑分析。在法律的实践活动中，涉及的法律推理方法很多，如演绎推理、归纳推理、类比推理、假言推理等，但最常见的是三段论推理。“三段论的推理非常有力，又为人熟知，因此，渴求自己的活动看上去尽量客观的律师和法官都花费了很大力气使法律推理看上去尽可能像是三段论。”❶“多数法律问题却还是以三段论方式解决的”，❷ 我们就以这种推理形式为例分析法律推理的逻辑分析问题。

从形式上看，法律推理是一个逻辑演绎的过程，法官受理当事人及其律师控辩，检验各种证据材料，寻找一般法律规定并思考它们与具体案件事实之间的一致性和差别，通过法律规则的解释权衡有关法律规定能否像“帽子”一样戴在被告“头上”，最后作出适合该案件的判决。对于这样一个推理过程，人们进行了类似逻辑三段论的刻画形式：

L——法律规定

F——确认案件事实

J——裁决、（定性）判处结论

对法律推理进行逻辑分析首先要做的是按照一定的逻辑体系对法律论述的逻辑表达，这一过程包括以下几个步骤：第一步，改变该论述提出的语境和字面的表达形式，将该论述解释为一种完整的论述，在此，隐含的成分得以彰显。第二步，将该论述解释到这种程度：各种主张之间的关系被处理成前提和结论的关系。第三步，通过删除日常语言的成分，而仅使用合乎逻辑的标准表达式，如“和”“或者”“如果……那么……”，将该论述转变成一种标准的逻辑论述形式。第四步，用合乎逻辑的标准表达式将所有表述联结起来，并用任意字母（如 A、B）代替它。第五步，用逻辑符号如“v”（“或者”）、“→”

---

❶ ［美］理查德·A. 波斯纳：《法理学问题》，苏力译，中国政法大学出版社 2002 年版，第 50 页。

❷ ［美］理查德·A. 波斯纳，《法理学问题》，苏力译，中国政法大学出版社 2002 年版，第 54 页。

（“如果……那么……”）来替代相关的逻辑表达式。如此一来，对论述效力的最终判断取决于对某一特定法律体系的选择和论述向逻辑系统的语言的转化。因此，对一个论述的有效性的判断取决于该选择的正确性，以及分析者在逻辑重构过程中作出的解释。❶

其次，是按照相关的推理的逻辑规则对推理的形式予以评价。三段论的推理规则是保证三段论得出必然性结论的必要条件，也是判定一个三段论是否有效的逻辑标准。逻辑学研究推理的一个重要意义就在于确定推理的有效性问题，根据前提是否蕴含结论，可以将推理分为必然性推理和非必然性推理。凡前提蕴含结论者叫必然性推理，凡前提不蕴含结论的就叫非必然性推理。对于形式主义的法律家来说，法律推理必然是必然性推理。例如，如果法律中确实有杀人者偿命的规定，张三又确实杀了人，那么在判决结果中就应该判定张三应该偿命。如果在法律中没有规定杀人者应该偿命，或者张三没有杀人，那么，在判决中就应该判定张三不应该偿命。绝不允许作出“张三或者偿命，或者不偿命”这样的判决。按照逻辑学对有效推理形式的要求，“一个必然性推理是否为有效的推理，并不决定于前提的真假，而是决定于它是否具有有效的推理形式。什么叫有效的推理形式（简称为有效式）？就是如果赋予这种推理形式一真前提，按照这种形式进行推理它的结论就必然为真的；反之，如果赋予某种推理形式一真前提，按照这种推理形式进行推理，结论并不必然是真的（既可能真，也可能假），这种推理形式就是非有效的（简称非有效式）”。❷ 这一要求的特点在于正确推理必须具备有效的思维形式，但有有效的思维形式未必就是正确的思维。结论的真实性归根结底是从前提的真实性推理得到的，推理的任务在于保真，而不是对真的探求。正如鲁格罗·亚狄瑟法官所说：“将垃圾输入系统，出来的结果也是垃圾。”❸

---

❶ ［荷］伊芙琳·T. 菲特丽丝：《法律论证原理——司法裁决之证立理论概览》，张其山、焦宝乾、夏贞鹏译，商务印书馆2005年版，第30～32页。

❷ 河南大学《普通逻辑学》编写组编：《普通逻辑学》，中国国际广播出版社1993年版，第140页。

❸ ［美］鲁格罗·亚狄瑟：《法律的逻辑——法官写给法律人的逻辑指引》，唐欣伟译，法律出版社2007年版，第83页。

对于一个三段论而言，它由三个性质命题组成：两个前提，一个结论。包括三个不同的项：中项（M）、小项（S）、大项（P），每个项分别出现两次。三段论推理有以下推理规则：①有且只有三个不同的概念。②中项至少周延一次。③前提中不周延的项，结论中不得周延。④两个否定的前提没有必然的结论。⑤如有一否定前提，结论必否定；如结论否定，必有一否定前提。这些规则既可以使我们方便地判定一个三段论推理是否形式有效，也可以指导我们怎样建构有效的推理模式，为复杂问题提供简便的方法。简便的可操作性可以说是为什么三段论推理成为常见的推理模式的重要原因。“法律由个别调整发展到一般调整，就是想用简单方法解决复杂的问题。问题再复杂，法官律师等人也得解决，其途径就是把复杂的问题转换成简单的问题。”❶ 该公理也直观地揭示了三段论推理之所以被人所信赖是因为它建立在概念与概念之间涵摄的逻辑基础之上，而这种涵摄关系是因为大小前提之间可以进行某种同质的类型思维，这成为三段论推理首先应该解决的前提条件，只有在大前提与小前提之间存在涵摄关系，推理才能进行下去。但问题的关键在于我们如何把握法律推理中的涵摄关系呢？数学推理，乃至于一般的科学推理的概念都可以以集合的形式揭示出它的外延，因此，基本上可以不考虑推理的具体内容就能保证推理形式的有效。而法律推理不同，构成法律规范的概念一般是通过人为建构的形式给出的，出于一般治理的需要，这些概念通常是通过内涵的形式加以界定的，而在司法实践中面对的案件却是以外延为表现形式的个体，假如该涵摄关系建立在大小前提的实质内容的基础之上，则势必将引入法官的主观判断，从而影响到司法判决的客观性，甚至导致公说公理、婆说婆理的争议，这显然是不符合法律的稳定性和一致性目标的。为避免这种情况，在考察法律推理大小前提的涵摄关系时，必须将法律推理大小前提所涉及的概念予以形式化的表示，揭示这些概念间的逻辑关系。因此，这种涵摄关系指的是逻辑涵摄，而非实质涵摄。

对于一个事实清楚、规范明确的案件进行法律推理的逻辑重构

❶ 陈金钊：“法律推理及其对法治的影响”，载陈金钊、谢晖主编：《法律方法》（第3卷），山东人民出版社2004年版，第5页。

一般是比较简单的。但是，在司法实践过程中，也经常面临一些所谓的疑难案件，其中的一种情形是作为法律推理大前提的法律规范往往是模糊不清的，当我们决定一案件是否涵摄于该规范时往往不知所措。例如，一法律规范规定："禁止基于肤色、种族或者民族血统的歧视。"那么，基于国籍的歧视是否属于基于民族血统的非法歧视呢？不同的法官可能给出肯定或否定两种截然不同的结论，但无论哪一种结论都不应该仅仅基于个人的主观臆断，而必须构建一个有效的法律推理过程，只不过他们对该法律规范给出了不同的解释。一种解释是："如果一个人基于民族血统的原因歧视他人（包括歧视那个人的国籍身份），那么他就构成了非法歧视。"另一种解释是："如果一个人基于民族血统的原因歧视他人（不包括歧视那个人的国籍身份），那么他就构成了非法歧视。"在第一种情形下，因为该规范涵摄了这一具体行为，所以可以构建一个法律推理为：

如果一个人基于民族血统的原因歧视他人（包括歧视那个人的国籍身份），那么他就构成了非法歧视。（大前提）

此人基于国籍歧视他人。（小前提）

所以，此人构成了非法歧视。（结论）

在第二种情形下，因为该规范不能涵摄这一具体行为，则无法建立有效的推理。

所以，消除规则模糊性的过程实际上也是一个在两个相互冲突的规则中进行选择的过程。[1] 在这一过程中用到了法律解释、法律论证等方法，这也表明了我们前面提到的逻辑分析方法不是一个完备的法律方法的特点。

3. 法律思维的逻辑表达

法律逻辑是研究法律思维的形式结构及其规律的科学，但是思维只存在于头脑之中，只有借助于特定的物质载体才能得以表现和把握，这种特定的物质载体就是语言。只有借助于语言，得以进行法律思维的知识信息，通过法律思维形成的观念才能够得以交流和表达。思维

---

[1] 参见［英］麦考密克：《法律推理与法律理论》，姜峰译，法律出版社2005年版，第62～64页。

的基本逻辑形式包括概念、命题和推理，它们分别对应于语言的语词、语句和句群，思维的逻辑性反映在语言的运用过程中。但是，法律思维与法律语言又绝对不是同质的存在，法律思维是在法律活动中对各种法律现象的认知和反应，而法律语言仅仅是对这种思维的表达。并非所有的语言问题都属于逻辑问题，语言系统至少包含表达子系统和逻辑子系统两个方面。表达系统属于修辞学研究的对象，其目的在于通过对言辞论辩技巧的研究，提高言语交际的说服力，而逻辑研究的目的在于确立有效的推理形式，其目的在于基于真的前提得出真的结论。虽然有时候我们可以说逻辑是最有力的修辞，但有时候为了保证概念的明确、命题的恰当和推理的有效，逻辑甚至反对修辞。逻辑与语言之间这种复杂的关系决定了在法律思维过程中，许多看似属于逻辑方面的问题，事实上是与语言相关的，只有理解了法律语言的意义和特点，澄清了逻辑问题与语言问题之间的界限，才能够有针对性地运用相应的逻辑方法解决逻辑问题，运用相应的语言方法解决语言问题。

“法律者在其职业生涯的每时每刻均与语言、句子和文本结下了不解之缘。之于法律者，语言不仅是理解不语的客体之当然实用工具，其本身也是法律工作的核心对象——它要理解法律，描述事实行为，根据规范对案件进行推论。”❶ 法律语言与其他语言相比有自己的特色，如立法语言，不追求生动、形象，而要求朴实、简洁、冷峻、确切，反对使用模糊的、不确定含义的语言。我们看到，世界变得更加复杂了，但人们的语言能力并没有随着世界的发展而变强，我们无力用恰当的语言描绘变化的世界。现在法律越来越多了，法律的适用越来越具有挑战性，这就需要我们研究法律语言，研究法律运用的方法。但是我们经常把“人们所理解的就是能够理解的，所言说的就是我们可以言说的，不能言说的应该保持沉默”当成一个挡箭牌来拒绝深入理解。这是有问题的，社会科学的研究就是要进一步拓展理解的范围、语言学的研究也是要把不能言说的范围进一步缩小。然而，“法律语言不可能消除现实的多样性，它根植于日常语言，它必须用有限的手

❶ ［德］阿图尔·考夫曼、温弗里德·哈斯默尔主编：《当代法哲学和法律理论导论》，郑永流译，法律出版社2002年版，第291页。

段去描摹现实的无限多样性，并必须配以评价”[1]。这种结论排除了语词含义的单一性、清晰性，引发了另一种法律方法论的学科——法律解释学存在的必要性。法律解释学就是要把不清楚的说清楚。因而我们认为，法律方法论的变革首先应该从法律语言开始。

法律语言是一种为法律人服务的工具，体现着法学家的理性思考以及对法律技能的凝练。在一定意义上说，法律语言是有理想目标的，是想通过专业术语的表述来构建法律思维，以推动法治的实现。法律语言及其逻辑推论建构了法律思维的规则，使生活具有了规范性。为了使法律问题精确地得以表述，法学家们聚集语言的精华，创造了专业性的法律语言。但法律语言像日常语言一样也是处在形式和意义的流动之中的。这种语言的演变加上情景的因素，使即使像法律语言这样的东西也具有了很大的不确定性。法律语言中多数也是日常语言的特别表述，但是基本上属于人工语言，经过千年的研究与实践，出现了法律语言体系。这个体系构成了法律人的工作语言。

（1）法律语言的性质。法律语言是在法律实践和理论活动中逐步形成的、服务于法律活动的、具有法律特色的一种专门语言。从性质上看：

首先，法律语言是以一种以自然语言为基础的人工语言，也就是说虽然法律语言的基本符号、语形规则主要还是自然语言的，但是为了使其表达的意义更加规范、准确，往往需要对所借用的自然语言的语词、语句（当然更包括那些出于法律目的，人为构造的法律概念、术语、语句等）的意义予以特别的界定，使其具有不同的法律意义。

其次，法律语言是一种以自然语言为元语言的对象语言。为了保证法律思维的严谨性、规范性，法律职业共同体在法律活动中被要求必须使用法言法语。从法律语言的生成过程来看，自然语言先于法律语言而存在，需用自然语言解释、定义法律语言的意义，而法律思维所运用的主体语言则是法律语言。

最后，也是最为重要的是在进行法律思维时，必须实现从自然语言向法律语言的转换，即对所要处理的案件赋予法律意义，并以法律

[1] ［德］阿图尔·考夫曼、温弗里德·哈斯默尔主编：《当代法哲学和法律理论导论》，郑永流译，法律出版社2002年版，第301页。

语言表达。基于自然语言与法律语言之间的这种关系，可以评价一种法律语言系统的逻辑可靠性和完全性。如果有效的法律推理都能符合自然语言描述、规范的法律活动的要求，那么我们以为这个法律语言系统所表达的法律思维就是可靠的；否则就是不可靠的。如果自然语言描述、规范的法律活动的要求都能够通过法律语言描述、规范的法律思维得以表达，我们说这个法律语言系统就是完全的。理想的法律语言系统当然应当具有这种可靠性和完全性，但由于自然语言以及自然语言表达的法律世界的开放性，所以，这种理想的法律语言系统是不存在的。然而，这并不意味着我们应当放弃这种理想追求，而是通过不断的努力，丰富、完善我们的法律语言，使其具有更大的可靠性和完全性。

（2）法律语言的特点。法律语言具有区别于其他语言的不同的特点，研究角度不同结论也会不同。本部分仅仅从法律逻辑研究的角度，揭示法律语言在生成、结构、运用三个方面所具有的特点。这些特点揭示了法律、逻辑、语言之间的相互制约关系，许多看似属于逻辑方面的问题，本质上仅仅是因为表达逻辑的法律语言不够丰富，而有些看似属于对法律语言方面的要求，本质上是为了满足更严格的逻辑要求。

①法律语言的规范性。法律语言区别于自然语言的重要特点在于其语词、语句都具有较强的规范性。这种规范性包含两个方面：一是法律规范性。自然语言生成的特点在于其约定俗成性，具有自然生成的特点。虽然一个自然语词、语句一旦生成，就具有了相对稳定的形式和意义，并且对其使用者具有一定的约束力，不容随意地解释和乱用，但其生成的过程具有一定的任意性。而法律语言的生成往往是一个自觉、人为的过程，法律语词和语句的界定、解释必须经过特定的程序、由特定主体作出。二是逻辑规范性。法律语言产生的目的在于避免自然语言广泛存在的歧义、模糊现象。这种歧义、模糊通常表现为语词所表达的概念的内涵和外延的不确定性。因此，在生成法律概念的时候，通常要对其内涵和外延予以明确的界定。

“概念乃是解决法律问题所必需的和必不可少的工具，没有限定严格的专门概念，我们便不能清楚和理性地思考法律问题。没有概念，我们便无法将我们对法律的思考转变为语言，也无法以一种可理解的方式把这些思考传达给他人。如果我们试图完全否弃概念，那么整个法律大厦将化为灰烬。”❶ 根据一般逻辑学教科书的定义，概念是反映对象本质属性的思维形式，而法律概念通常并不具有，或者主要不是为了这种认识功能，而是为界定、区分某类对象的法律意义确定明确的标准。“法律的基本作用之一乃是使人类为数众多、种类纷繁、各不相同的行为与关系达致某种合理程度的秩序，并颁布一些适用于某些应予限制的行动或行为的行为规则或行为标准。为能成功地完成这一任务，法律制度就必须形成一些有助于对社会生活中多种多样的现象与事件进行分类的专门观念和概念。这样它就为统一地和一致地调整或处理相同或基本相似的现象奠定了基础。”❷ 例如，我国宪法第34条规定：“中华人民共和国年满十八周岁的公民，不分民族、种族、性别、职业、家庭出身、宗教信仰、教育程度、财产状况、居住期限，都有选举权和被选举权；但是依照法律被剥夺政治权利的人除外。”我们难以说明一个年满十八周岁的公民和一个年满十七周岁的公民在拥有选举权和被选举权的资格上有何实质差别。因此，这里的年龄资格仅仅是为判定一个公民是否应当具有选举权和被选举权确定一个明确的标准。而其中“不分民族、种族、性别、职业、家庭出身、宗教信仰、教育程度、财产状况、居住期限”的规定，也仅仅是为了保证外延的进一步明确。法律语言的逻辑规范性还表现在表达法律规范的语句的逻辑模式性。法律规范一般包括假定、处理、制裁三个组成部分，分别规定了“什么人”“在什么情况下”；“应当、可以怎样做或是不应当、禁止做什么”；“如果违反了这些规定，将会受到什么样的处置”。它们的表达和理解受到严格的逻辑规则的约束。

②法律语言的开放性。尽管法律语言具有自然语言所不具有的确定性，但相对于纷繁复杂的社会现象而言，其所表达、规范的依然仅仅是一些典型的情形，从而使法律语言具有一定的开放性。这种开放性最典型的表现是法律概念的空缺结构和缺省结构。

第一，法律概念的空缺结构。如前所述，法律语言区别于自然语

---

❶ ［美］E. 博登海默：《法理学——法律哲学与法律方法》，邓正来译，中国政法大学出版社1999年版，第484～489页。

❷ ［美］E. 博登海默：《法理学——法律哲学与法律方法》，邓正来译，中国政法大学出版社1999年版，第484页。

言的一个重要特点在于其概念的明确性，然而表面看来是非常明确的法律概念，其外延界限往往是模糊的。首先是因为人们在确定法律概念并对之加以规定时，通常考虑的只是、也只能是能够说明这个特定概念的最为典型的情形。正如美国法哲学家博登海默所说："在法律的各个领域中，我们都发现了棘手的难以确定的两可情况，甚至像'糖果'这类术语，虽然说第一眼看上去似乎相当具体、明确，但它在其中心含义和含义模糊不清之处也会产生解释上的困难。"[1] 其次，法律概念、法律规则总是高度抽象、概括的，这与个体案件的具体性、多样性形成了矛盾。例如，一条法律规定"任何车辆不得进入公园"，而在现实生活中有不同种类的车辆，汽车、卡车是车辆，救护车、救火车也是车辆，但这些车辆包括在该条法律规定之中吗？当一名游客驾驶着一辆卡车进入公园游玩时，该辆卡车属于被禁止范围，当一名工人受公园管理者的委托，驾驶着该辆卡车将公园内枯死的树干拉出去时，守门人能够以该条规定为依据拒绝该车的进入吗？法学家哈特把法律概念这种中心含义明确，而外延边沿模糊的特点称为法律概念的空缺结构。

第二，法律命题的缺省结构。概念所具有的空缺结构是导致法律思维具有不确定性的一个重要原因，导致法律思维具有不确定性的另一个原因是法律命题的缺省结构。基于外在世界的复杂多样以及人类理性的局限性的原因，在制定法律规则时，往往只是规定规则可以适用的肯定性条件，而对于其他可能影响其适用的否定性条件并不予以严格规定，甚至在一个开放性语境下，也不可能予以严格规定。例如，

假定在一张桌子上有四块积木，分别是 A、B、C、D，其中 A、B、D 放在桌面上，C 放在 D 上，现在要求把 B 放在 D 上，唯一的规则要求是只能出现两层的叠加。根据该规则要求，我们很容易制定出行动方案：第一步，把 C 从 D 上取下；第二步，把 B 放在 D 上。但是，该行动方案显然仅仅考虑了该规则要求的情况，但是，该规则并不足以排除无法适用该规则的例外，如 A 与 C 之间有一条连线，当把 C 从 D 上取下时，会把 A 带到 B 上，这时还需要增加一个步骤，把 A

[1] ［美］E. 博登海默：《法理学——法律哲学与法律方法》，邓正来译，中国政法大学出版社 1999 年版，第 487 页。

从 B 上取下。如果存在把 A 从 B 上取下时会把 C 再带到 B 或 D 上时，事情会变得更复杂。甚至如果存在 A 与 D 相斥的情况，那么根本就不存在把 A 放在 D 上的可能。

③法律语言风格的严肃性。根据我们前面的分析，语言的意义最确定的部分是语词的概念意义和语句的命题意义，它们构成了我们理解语言意义的基础。语言其他方面的意义虽然丰富了语言的表达，并且对语言的表达和理解也是不可缺少的部分，却也是造成了语言的意义理解上的不确定性。这些语言意义上的不确定性是影响法律有效实施的重要障碍，因此人们提出了法律语言应当具有准确、清晰、严谨、平直的风格要求。当排除了语言的隐含意义、风格意义、联想意义、命题态度、意谓意义和话语意思之后，法律语言的意义就是指语词的概念意义和语句的命题意义。就此而言，法律语言本质上是一种逻辑语言，一个法律语词所表达就是一个逻辑词项，一个法律规范所表达的就是一个逻辑命题。

（3）法律思维的逻辑分析与表达。法律思维以法律语言为其载体形式，但要用法律的方法处理社会矛盾、纠纷，并将处理结果表达给社会主体，使之能够理解和接受，就要求法律语言不仅是封闭于法律职业共同体内部，还必须能够实现法律语言与自然语言之间的转换。这种转换主要包括两个方面，一是将社会现象、事实、行为的自然语言的描述、规范转换为法律语言的表达；二是将法律思维的结果还原为能够被一般民众所能理解和接受自然语言表达。能否实现这种转换是决定能否对法律思维进行逻辑分析的前提条件。那么，能否实现这种转换呢？基于前面对法律语言特点的分析，这个问题的答案既是肯定的，又是否定的。从法律语言的生成和表达风格要求来看是肯定的，因为之所以在自然语言的基础之上又人为地构建出专门的法律语言，其目的就在于使其成为一种逻辑语言，或者尽可能地接近逻辑语言，运用法律语言的过程本质上就是运用逻辑规则对法律思维进行规范的过程。从法律语言的空缺结构的特点看答案是否定的，因为法律语言无论多么丰富都无法满足法律思维对精确性的要求，法律思维、法律语言的表达和理解永远都具有似真的一面。这也从另外一个方面说明了法律表达方式的构建，是一项存在瑕疵的事业。

长期以来，人们对法律思维进行形式逻辑的分析和表达的可能性存在着强烈的质疑和批判，这些质疑和批判主要包括以下几个方面。

第一，形式逻辑是建立在命题真值的语义基础之上的，它不适于无关真假的命题的推理评价。例如，澳大利亚逻辑学家汉布林（Hamblin）认为，对于前提来讲“真”是个不恰当的标准，因为它既不是充分的也不是必要的。说“真”不是充分的，是因为一个本体论意义上为真的前提并不一定为论证者所知道为真，即认识论意义上未必为真；说“真”不是必要的，因为在许多领域“真”的观点是有疑问的，真的思想可能假定了不可能的上帝眼中的立场来看待事物。❶ 佩雷尔曼认为，形式逻辑对论证的评价是从真前提开始，但如何判定前提的真假，这已经超出形式逻辑所讨论的范围。真实论证未必都是从真前提出发的，往往只是从一致起点开始的。他们猜想主导非形式论证的理性可能来自修辞理论的原则，特别是听众的考虑与价值（一种非形式逻辑）。第二，形式逻辑研究的核心是演绎推理的有效性，而法律论证的可接受性并不依赖于逻辑的有效性，图尔敏认为演绎有效性对于真实论证的评价来说，既不是充分条件也不是必要条件。除了逻辑标准之外，法律论证尚需另一种可供选择的非形式的、实质的有效性标准，进而提出了他基于法律论证的评价模型——图尔敏模型。第三，形式逻辑是单调的、封闭的、协调的、单主体的、静态的系统，而法律思维具有非单调性、弗协调性、开放性、多主体性、动态性等特点，对于法律思维的这些特点形式逻辑是无法表达的。第四，形式逻辑缺乏语境敏感性。形式逻辑只从语法、语义两个方面研究思维的形式有效性，而实际的思维还是语境相关的，即没有涉及逻辑的语用研究。问题的第三个方面与第四个方面有密切的关系，都涉及批判者所持的逻辑观念是什么，一些非形式逻辑学家认为：“20 世纪上半叶，论证结构被理想化了。数学证明被人们当作成功论证的范式，论证完全被从自然语言的语境中抽象出来。论证研究者们，特别是逻辑学家们主要关注的是作为结果的论证，而不是作为过程的论证。在传统论证理论中，论证被看作是静态性的、缺乏背景敏感性的、无目的性和不考虑主体性的。然而，现实生活中的真实论证却具有动态性、背景

---

❶ cf. Eemeren, F. H. van et al. Fundamentals of Argumentation Theory . Lawrence Erlbam, 1996, p. 180. 转引自熊明辉：“论证评价的非形式逻辑模型机器困境”，载《学术研究》2007 年第 9 期。

敏感性、目的性、多主体性等诸多特征。我们显然无法用基于传统逻辑或经典逻辑的论证评价模型来处理真实论证的上述特征。”❶

这些理论对形式逻辑批判虽然看起来有一定的道理，但它们在解构了法律的逻辑基础后，又为法律的理性基础提供了什么？这些理论有没有局限性？它们的批判是否真的意味着形式逻辑无法成为法律思维分析的工具，还是它们对逻辑的批判本身建立在对什么是逻辑错误的理解的基础之上，形式逻辑能够为此做些什么呢？对此，我们通过对这些批评的回应，揭示现代逻辑作为法律思维分析工具的特点，它们同样可以表达论证和推理，并且能够为法律思维发挥非形式逻辑所不能替代的作用。

（二）法律逻辑的规范性研究

1. 法律思维中的逻辑与经验

传统法学理论一般认为，法律是一项理性的事业，而现代一些法学理论则批判说，偏见、情感等非理性因素在司法审判过程中发挥着重要甚至关键的作用，而所谓的理性只不过是一个骗人的神话，或者伪装。我们认为关于所谓的“包装说”的争论是没有任何意义的。在很多时候，尤其是对于那些经验丰富的法律人，一下子就能抓住问题的要害并作出富有成效的判断，似乎法律发现、解释、推理、论证等诸多法律方法根本没有起什么作用，而完全依赖于个人良好的“法感”而已。对此，我们有必要了解这种神秘的法感背后究竟是什么东西，以及如何培养自己的法感。

我们认为，所谓的法感既涉及个体对法律知识、法律思维特点的认知倾向和情感体验，也涉及法律知识、法律思维的熟练掌握而形成的技巧。很显然，我们对于前者因其具有个体的天赋特点而往往无能为力，对于后者则可以通过后天的努力不断地发展和培养。

徒法不足以自行，其所凭借着不外乎逻辑与经验，在这里逻辑与经验都代表着一种理性的力量或方法，反对法律过程中的恣意裁断。逻辑所强调的根据特定的前提条件得出可靠的结论，具体到法律推理就是根据案件事实和法律规定，对具体案件作出合理正当的法律裁决。法律思维不同于一般逻辑思维的根本点是逻辑思维的前提都是给定的，

---

❶ 熊明辉：“论证评价的非形式逻辑模型及其困境”，载《学术研究》2007年第9期。

即通过外延的方法确定一个概念的外延和内涵，外延性原则是经典逻辑的一个基本预设，根据该原则，概念（语词，词项）的外延就是它所指称的对象，命题（语句、判断）的外延是它所具有的真值。逻辑推理通常不考虑概念的外延是什么，而命题的真值仅仅是通过语义赋值的方法直接给出或者根据逻辑联结词的定义计算得出，基于这种方法，逻辑思维无需判断一个对象是否属于某概念的外延和简单命题的真假，当然也不会存在包括法律思维在内的借助于自然语言进行思维所经常面对的歧义、模糊问题。逻辑思维的另一个基本预设是二值原则，即对于一个命题只存在真假两种状态，非真即假，非假即真，既不存在同时具有真假值的命题，也不存在既真又假的命题。这两个基本原则加上其他预设的一些原则，如存在假定原则、由假得全原则、实无穷抽象原则等保证了思维对象、过程和结果的确定性、一致性。与此不同的是，法律思维所处理的概念和命题通常并不满足以上基本要求。所以，法律思维并不仅仅是逻辑思维的过程，首先是对推理前提的建构，其次才是推理，最后还需对结论进行合法性、逻辑性、合理性等进行评价的过程。在这个过程中，经验因素发挥着重要作用。

通常意义上的经验包含两方面的含义：一是指个体通过对实践过程中形成的感悟和直观进行反思和总结，形成的针对某类问题的相对稳定，却又缺乏普遍性和系统性的思维模式；二是指相对于表现为逻辑的思维形式的结构和规律，而形成的关于历史、社会、文化等实质性内容的基本信念。前者作为法律思维方法具有灵活性、启迪性的一面，因而在司法活动中不可或缺。一方面，一个经验丰富的法官往往比一个刚刚走上司法岗位的法官能够更加迅捷而准确地把握住案件审理的要害，作出恰当的法律判断，实现法律效果和社会效果有机统一。另一方面，经验往往又严重依附于法官的个性和经历，具有粗糙和零散的一面，难以有效地普及和推广，特别是个体经验的差异性往往成为维护法制统一性和确定性的破坏力量。后者一般作为重构案件事实、衡量利益冲突、论证判决结果实质合理性和可接受性的重要依据，但也往往因为经验判断的复杂性和标准的多元性，而缺乏作为方法所应具有的可操作性和可判定性。基于以上特点，司法过程中经验的研究可分为以下几个方面：第一，基于认识论的一般理论，研究经验在探究案件客观事实间的因果关系、把握相关事实要素的性质等事实判断中的作用，确立经验判断形成的一般规则体系和具体方法。第二，基于方法论的一般理论，研究个体经验形成的一般规律、表现形式和特点，特别是如何把零散、粗糙的个体经验上升、提炼为更具系统性和统一性的逻辑规律，在不失灵活性和启迪性特点的前提下，使其更具普遍的指导性意义。

为了表述方便，我们通常把这一过程划分为法律决定作出的过程和法律决定论证的过程两个阶段，其所依借的逻辑并不相同，法律决定的作出主要是对法律事实、法律规定的发现和解释，并通过对二者逻辑联系的确立得出相应的法律决定。而法律论证的过程主要是对作出的法律结论与其前提的逻辑一致性、合法性、合理性进行审查。这两个阶段不只是主要任务的不同，任务的不同也决定了其方法的不同。因为作出法律决定所依借的前提处于开放的状态，所以所使用的方法必须具有开放性、敏感性、容错性等特点，这一过程所依从的方法主要是经验，而法律论证必须具有封闭性、规范性、确定性等特点，能够从众多可能的选项中筛选出唯一确定的答案，这一过程所依从的方法主要是演绎推理。从这个意义上讲，逻辑与经验并不是对立互斥的，而是基于实现同一目标的统一过程中不同阶段的不同方法。正如美国法学家博登海默所说："虽然演绎逻辑并不能解决法律秩序中最为棘手的问题，但是这并不意味着逻辑与经验之间的相互关系是对立或相悖的。如果我们不是完全无视道德与社会方面的考虑，也不是错误地把逻辑认为是'机械式'的推理行为，那么我们就一定能够得出结论说，逻辑和经验在行使司法职能过程中与其说是敌人，毋宁说是盟友。"❶

逻辑与经验都是主体知识信念体系中的有机组成部分，只不过逻辑是该体系中被普遍接受的、最稳定的部分，而经验往往仅仅被单个主体或部分主体所接受。逻辑具有较强的普遍性和系统性，而经验具有较强的灵活性和启迪性。逻辑由经验积淀、升华而确立，通过控制和调节主体同具体情境的交互作用实现对经验的理性驾驭；经验又要受逻辑的检验和评估，通过对个体经验的归纳抽象，上升为具有普遍

❶ ［美］E. 博登海默：《法理学——法律哲学与法律方法》，邓正来译，中国政法大学出版社 1999 年版，第 497 页。

意义的逻辑体系。在司法实践过程中，逻辑因其普遍接受性和强约束力而常被作为论证法律的有力工具，保证了司法活动的确定性和稳定性；经验因其具有的灵活性和启迪性而被作为作出司法裁断的工具。

但是，这并不意味逻辑与经验在司法过程中的每个阶段的作用都是一样的，具体到前面介绍的法律方法应用模型。前两个环节主要是以直觉经验对案件进行范畴归类，识别、分析相关法律因素和意义，作出初步的性质判断。中间两个环节借助解释、论辩的方法构建法律推理的大小前提，形成案件事实和法律规定的逻辑联结；后两个环节根据相应标准对法律结论进行衡量、筛选。这一过程的实现既需要逻辑的推断，又需要经验的启迪，是二者及其他法律方法的融合与统一。但总的来说，前四个环节是法律结论作出的过程，主要借助的法律方法是通过法律发现确定相应案件的法律性质，进行基本的法律定位，实现案情事实与法律规定的对接。如果因为案件事实的复杂无法发现明确的法律规定，则需要法律解释的方法弥合二者之间的漏洞间隙，最后通过法律推理得出相应的法律结论。后两个环节是法律结论论证的过程，其重要的方法是法律逻辑分析方法，对前提与结论之间的逻辑一致性、论证的充分性进行评估。借助逻辑修辞学的方法对判决结论的相干性、可接受性进行评估。通过价值衡量的方法对法律结论的合理性进行评估。

2. 法律推理的评价标准

在我们看来，既然逻辑是一个多元意义的概念，那么它就不仅仅是指一个思维方法，或者一个思维规则的集合，而是一种思维模式，或者说思维倾向。所以，逻辑对于法律思维的规范、指导及评价意义是多方面的，如对同一律、不矛盾律、排中律及充分理由律的遵守等。但是，毕竟逻辑是以推理为核心研究对象的，逻辑的规范功能更集中地体现在对法律推理的评价上。

做到正确逻辑推理需要满足两个方面的要求：

第一，前提真实。推理的过程事实上是把前提的真实性、合法性和可接受性等传递给结论，也就是为结论的真实性、合法性和可接受性等提供理由，没有前提的真就无法进行推理这个过程。

第二，推理形式有效可靠。只有通过有效、可靠的推理形式才能够把前提的真实性、合法性和可接受性等传递给结论，否则，即使前提是真的，也无法确认结论因而也是真的。这两个方面的要求分别属于思维内容和思维形式，对于前者需要经验性认知活动得以确认，对于后者只有符合相关逻辑规则才能得以保证。

而要做到正确的法律推理，除了满足以上两个要求外，还必须满足以下两个方面的要求，这两个要求反映了法律推理的特点，也是决定法律推理的功能能否实现的关键。

第一，规范前提的合法性。如前所述，法律推理的前提至少包含一个事实前提集合一个规范前提集，满足第一个要求只能保证事实前提的真，从而使法律推理的结论建立在事实的基础之上，而要做到推理结论符合法律的要求，就必须使规范前提也符合法律的要求。这一点可以说最能反映法律推理的特点和作用，也决定了法律推理对于其他方法的不可替代性。

第二，结论的可接受性。这又可以区分为三个层面，一是诉讼当事人服判，从而达到息讼止争的目的；二是司法共同体的认同，维护法治本身的稳定、一致；三是被社会民众的认可，达到法律效果和社会效果的统一。

事实上由于认知结构、价值诉求等因素的多元性，对于应当认定案件事实、解读法律规定，从而认为应当得出什么样的裁判结论，不同主体（诉讼当事人、律师、法官、检控方、民众等）间很难达成共识，甚至可能会产生完全相反的意见，因此完全满足以上要求是件非常困难的事情。我们认为这里就存在一个当以上要求存在冲突时，如何进行优先选择的问题。

首先是事实前提的真实性问题。这应当也是满足其他几个要求的前提条件，即只有保证事实前提的真，才有可能实现推理形式有效、规范前提的合法适用，以及结论的可接受性。需要注意的是，这里的事实指的是在案件审理过程中，司法人员根据相关法律规定和相关证据重构的案件事实，而不是所谓的客观事实。因此在法律推理过程中，绝不是在确定了案件事实后再寻找法律规定的线性运动，而是在事实与规范之间的往复穿梭的过程。但是，信息的输入和加工总是从案件的描述开始的，保证事实前提的真实应当是满足法律推理正确的首要条件。

其次是推理形式的有效性问题。按照逻辑学对有效推理形式的要求，“一个必然性推理是否为有效的推理，并不决定于前提的真假，而是决定于它是否具有有效的推理形式。什么叫有效的推理形式（简称为有效式）？就是如果赋予这种推理形式一真前提，按照这种形式进行推理，它的结论就必然为真的；反之，如果赋予某种推理形式一真前提，按照这种推理形式进行推理，结论并不必然是真的（既可能真，也可能假），这种推理形式就是非有效的（简称非有效式）。普通逻辑研究必然性推理就在于研究必然性推理的有效性问题。”❶ 法律思维必须建立在理性基础之上，而逻辑是最基本的理性。法律推理之所以能够将前提所具有的真、合理性、合法性、正当性等性质传递给结论，主要是依赖于这种有效推理形式的功能。因此，在法律推理的过程中遵守基本的逻辑规则是完全必要的。需要注意的是，对于推理形式的有效性要求需要澄清以下三个问题：第一，保证推理形式有效仅仅是法律推理正确的必要条件而非充分条件，保证推理形式有效，并不能必然保证推理正确。“逻辑只涉及前提和结论之间的形式关系，而对从实质意义上前提是否能够令人接受，以及在各种法律规则之间做出的选择是否得以证立的问题不置可否。在逻辑方法中，合理性并不等同于形式有效性。要全面评价法律论证，除了形式标准以外，还要求实质标准。”❷ 第二，根据推理有效的推理形式可能得出不可接受的结论，这说明推理的前提本身是不可接受的，而非由逻辑负责。例如，假设有法律规定“年满 60 周岁的老人一律处死”，而存在的一个事实是“张老汉年满 60 周岁了”，那么，根据有效的推理模式“如果 p 那么 q，p，所以 q”。据此，我们得出“张老汉应当被处死的结论”。这是一个正确的推理，但是根据我们现在主流的观点，这样一个结论显然是不可接受的。那么，这样的错误应当由逻辑负责吗？很显然不是，这是因为该推理的大前提是不可接受的，有效的推理模式只不过是把前提的荒谬性传递给了结论而已。事实上这也是有效推理形式的一个功能，它可以把表面的观念的分歧回溯至产生这些观念的理由和根据，从而使我们能够更清楚地认识到这些分歧产生的原因。

---

❶ 河南大学《普通逻辑学》编写组编：《普通逻辑学》，中国国际广播出版社 1993 年版，第 140 页。

❷ ［荷］伊芙琳·T. 菲特丽丝：《法律论证原理——司法裁决之证立理论概览》，张其山等译，商务印书馆 2005 年版，第 36 页。

再次是规范前提的合法性问题。每一个法律推理都必须包含一个规范前提，尤其是在适用规范的法律推理中，这个规范前提通常是一个抽象的法律规定，它通常包含一个假定的语境条件以及基于该语境产生相应的法律后果的规定。结合事实前提描述的事实语境，则可以分离出一个对于该事实语境应当产生的法律后果，从而实现从抽象规范到具体规范的转换。通常作为法律推理的规范前提的是一个或一组法律规范，从实证法学的角度看它们的合法性是不言而喻的。但相对于自然法学等理论而言，当对一个法律规范的适用导致明显有违公平、正义等法治价值诉求时，这时候该规范是否具有合法性就成为一个问题，很显然这是由于不同法律理论关于什么是“合法”、法律是什么等理论假定的不同而决定的。另外，有时法律原则、国家政策、习惯法等也可能作为法律推理的规范前提，这时候它们的合法性就需要进一步的论证。无论如何，规范前提的合法性是法律推理结论具有合法性的基础，没有具有合法性的规范前提，就无法得出具有合法性的结论。

最后是结论的可接受性问题，也就是通过法律推理得出的结论是否符合普遍的理性标准和价值诉求的问题。法官不是在真空中，也不是在高度抽象的理论假定中审理案件，在法律推理的实际运作过程中，法律法规也许是模糊不清的，而案件事实更可能是错综复杂的，在推理的前提都模糊不确定的情况下，即使推理形式是完全有效的，也难保推理结论的正确性。这时必须根据实际情况作出的各种考虑都可能成为支持判决的理由。这些考虑的范围是广泛的，既包括制定法，也包括各种各样的个人和社会的利益，社会的和政治的目的，以及道德和正义标准。它们一般可以用原则、政策和准则这样的术语表达出来。在某些案件中，也许只有某个考虑是相关的，它可以像一条法律规则一样明确地作为判决的根据。但是在许多的案件中并非如此，法官也许会将这些考虑结合起来加以思索，安排其先后，并以为这样就足以支持他作出判决，尽管每项单独的考虑做不到这一点。根据实际情况作出的考虑经常是相互冲突的，法院不得不权衡它们以确定何者为优先。[1] 从理论上来说，法律推理的结论是复数的，但在司法实践中，

---

[1] ［英］哈特：“法律推理问题”，刘星译，载《法学译丛》1991 年第 5 期。

法律判决又必须是明确的、唯一的，这里就存在一个选择问题，法院不可能通过逻辑的方法解决问题。而必须借助于运用正义观念、利益原则、人际标准、社会政策等价值尺度，对其选择之合理性进行价值评价和论证，以保证作出的判决的合理、正当。因此，法律推理比其他推理活动更需要通过论辩达到弄清事实真相、作出公正判决的目的并发挥以理服人的教育作用。丹尼斯·劳埃德曾论证说，法官所做的选择“并不符合从特定前提中用归纳方法推知结论的逻辑，但它却有一种自身的逻辑。这种逻辑是建立在理性考虑基础之上的，而这就使它同无端的判断完全区别开来”。[1] 尽管我们必须承认，人类能够达致的这种推理论证的客观性还存在诸多限制。但是，这比认为法律推理只是逻辑的推理形式和规律在法律领域的运用或者认为法律推理是非理性的选择的观点更为可取。第一，因为这种观点是同日常语言用法相一致的，它拒绝把理性判断的范围局限于那些只能借助于传统逻辑的帮助下才能得到的东西，具有更广泛的运用领域和价值。第二，那种认为法律推理只能是逻辑的演绎推理的观点，必然留下大量的演绎推理不能解决的问题，这些问题的判断和结论必然要依赖感觉、情感和专断等形式，不能解决法律推理的必然性和有效性问题。从而动摇整个法律大厦的稳定，而严格说来，这些判断和推理实属理性范围。第三，这种推理的特征不仅是形式有效的，而且必须合理、正当，它们都是正确法律推理的必要条件。它能使我们对疑难情形进行透彻的探究，以揭示某个具体问题的所有方面并将它们置于关注的中心，进而发现解决问题的合理的方法。一个法律推理的可接受性包括：第一，推理所依据的前提和推出的结果必须同该法律制度保持一贯性和一致性。这意味着必须赋予法官不同的自由裁量权，这种裁量权有可能被滥用，必须加以约束，约束的方法除了法官的自律和制度的监督外，还必须对法律推理本身提出严格的要求，法律体系是一种具有一贯性和一致性的规范体系，对它的遵守能够确保我们实现某些值得珍视的目标，这就要求无论是对大前提的确定，还是对不同法律理由、裁判结果的选择都必须“依法作出”，即不论法官本人认为自己所持的价

[1] 转引自［美］E. 博登海默：《法理学——法律哲学与法律方法》，邓正来译，中国政法大学出版社1999年版，第500页。

值观如何的正确合理，也不论其作出的结论如何具有可接受性而令人向往，他在进行法律推理时必须以实在法为依据，以法律上的理由为理由，而不是随心所欲。第二，司法裁判的结果必须合理正当。无论是前提的确定、法律理由的形成、不同理由的裁断选择都必须以一定的价值标准进行选择，这些标准包括正义、善风良俗、公共政策等。第三，以上两点并不存在矛盾，因为法律的创制并非是立法者的心血来潮之作，而是诸多的法律规定共同遵循着特定的价值和目标，法官在司法裁决中保持依法裁判和自由裁量权的平衡也许是有困难的，但必须以此为追求目标。

需要注意的是以上提出的法律推理的要求或评价标准目的在于实现法治的不同价值。形式有效性的要求保证法律推理的明确性、一致性、必然性，从而强化法律的严肃性，培养人们对法律的忠诚，而结论可接受性的要求则保证推理的合理性、正当性，培养人们的法治信仰。只强调法律推理的形式有效性要求，虽然可以得到明确、唯一的法律裁判结论，但这一结论却可能是不公正、不合理的，从而背离法律的原有目标，使法律成为奴役人类的暴君。相反，如果从对形式要求的批判走向另一个极端，以实质可接受性为理由轻易突破法律的界限，人们对法律判决的明确性、一致性、必然性的要求就会落空，它所追求的公正、合理的价值目标也不可能实现，反而却有极大可能陷入法律虚无主义的泥淖，使法律成为某些人翻手为云、覆手为雨的工具。我们认为，如何在这些标准中作出取舍并没有一个固定的模式，而是基于一个社会的发展状况作出策略的选择。一般来说，当一个社会的法制基础，民众还缺乏对法律的足够忠诚时，应当优先考虑法律推理的形式有效性要求，从而有利于维护法律的稳定，培养民众对法律的敬畏之心和遵纪守法的意识。与之相反，当一个社会具有较稳定的法治传统的时候，应当更多地考虑法律推理的结论可接受性标准，使其有利于克服机械、僵化地适用法律的倾向。

第二章　规范推理的基本形式及其逻辑表达

规范逻辑又叫道义逻辑或义务逻辑，是刻画规范推理的形式结构及有效推理模式的理论。规范逻辑被认为是“最重要的”❶ 一个哲学逻辑分支。人们对这个新兴的逻辑学科充满了期待，认为规范逻辑有广泛而直接的应用。这主要包括两个方面：第一，作为表达和分析规范推理的工具，形式刻画规范推理的基本逻辑模式及适用条件和规则。规范逻辑研究的对象——规范推理普遍存在于我们的现实世界，包括法律、伦理领域，还包括礼仪、习惯、风俗等各个方面，指引、约束、评价我们每个人的行为选择。第二，用于计算机科学和人工智能等领域的知识表达和规范系统建构。自 20 世纪 80 年代，规范逻辑越来越受到多个学科领域的学者的关注，特别是计算机科学、管理科学和组织理论科学等。但是，规范逻辑又被认为是“最成问题的”的一个哲学逻辑分支。❷ 因为作为其研究对象的规范推理不仅是基于规范之间的逻辑关系所进行的推理，也不仅是当现实情境符合规范适用条件时所进行的推理（我们称之为涵摄义务推理），它还要研究规范被违反时所进行的推理（我们称之为渎职义务推理）、存在规范困境时所进行的推理（我们称之为道义困境推理）、存在例外规范时所进行的推理（我们称之为例外义务规范推理）。据我们所知，现有的规范逻辑往往只能刻画其中一种或几种规范推理模式，从而导致了大量的道义悖论的产生。

---

❶ ［德］施太格缪勒：《当代哲学主流》（下卷），王炳文、王路、燕宏远、李理等译，商务印书馆 1992 年版，第 144 页。

❷ Von Wright, Deontic logic—as I see it, In Norms, Logics and Information Systems—New Studies in Deontic Logic and Computer Science, 1998, p. 15.

一、规范违反与渎职义务推理问题

在现实规范领域普遍存在着规范被违反的情况，正是因为存在着规范被违反的可能性，才使得规范逻辑成为一个有用的工具。人工智能研究的领袖人物 McCarty 认为，“规范逻辑研究的一个主要特点是规范并非总是被遵守，只有在一个被禁止的行为发生了或者一个应当的行为没有发生的时候，我们才需要规范逻辑的机制确定相应的违规行为并采取合适的行动”❶。如果假定主体总是按照规范的要求行动，那么规范性要求便变得毫无意义：如果主体的实际行为不偏离理想的模式，那么仅仅描述主体实际上做了什么就可以了。并且只要有义务被违反的可能，就有相应的渎职义务存在的必要。所谓渎职义务就是一种只有在相关义务（初始义务）被违反的情况下才具有效力的义务。因为，只要规范被违反就必须有相应的义务作为救济，因此渎职义务又被称为救济义务。一方面，要使人们自觉地履行自己的义务就必须规定如果规范被违反的情况下应当怎么办。如：

（1）你应当履行诺言；

（2）如果你没有履行诺言，你就应当道歉。

其中（2）就是相对于（1）的一个渎职义务。另一方面，规范被视为对人的行为进行控制的一种机制。一个理性的人被假定为尽量选择受到最小的惩罚，因而理想的选择是不违反规范；但是，如果他违反规范，他应当尽可能地选择一种不太坏的方式。例如，一个贼不应当使用暴力，一个绑匪不应当杀害人质。Bench-Capon 认为，在法律的很多地方，规范的作用相当于他所称的“选择理性行为的价目表”。他认为，“在现实的法律中存在着一个基本的区分：一方面理想的要求应当是什么，另一方面实际上又是什么。规范逻辑本质上是就是对这种差异的表达和分析”❷。

---

❶ L. T. McCarty. Modalities Over Actions：Model Theory. In Proceedings of the Fourth International Conference on Principles of Knowledge Representation and Reasoning（KR’94），1994，pp. 437 –448.

❷ T. J. M. Bench-Capon. Deep Models，Normative Reasoning and Legal Expert Systems. In Proceedings of the Second International Conference on Artificial Intelligence and Law（ICAIL’89），1989，pp. 37 –45.

渎职义务推理就是在初始义务被违反的情况下进行的规范推理，它因为齐硕姆悖论（Chisholm Paradox）[1] 的发现而受到人们的特别关注。道义悖论并不是通常意义上的逻辑悖论，而是指根据某个规范逻辑理论，基于一致的或者符合直观的前提集合却推出了不一致的或者不符合直观的结论。在大量的道义悖论中，最难缠的似乎就是齐硕姆悖论，它实质上是渎职义务悖论（Country-To-Duty Obligation，简称CTD）的一个具体例示。[2] 直接表现为如何形式地刻画由下面四个语句构成的集合。

例1 齐硕姆语句集合

（1）你应当去帮助你的邻居；

（2）如果你去帮助你的邻居，你应当告知他你要去；

（3）如果你不去帮助你的邻居，你应当不告知他你要去；

（4）你没去帮助你的邻居。

标准规范逻辑（Standard Deondic Logic，简称SDL）用三个模态算子符号“O”“P”“F”分别表达规范概念“应当”“允许”“禁止”，结合相应的命题语句构成表达规范的规范命题，如OA表示“A是应当的”，或者“A是一个义务”等。这里我们用h表示前去帮助邻居，用t表示告知邻居，可得到以下表达式集合[3]：

（1′）Oh；

（2′）$O(h\rightarrow t)$；

（3′）$\neg h\rightarrow O\neg t$；

（4′）$\neg h$.

适用SDL中广泛接受的道义单调性原则（Monotonic Principle，简称RM。该原则又被称为遗传规则inheritance rule，或者分配原则distributive rule）：

---

[1] R. M. Chisholm. Contrary-to-duty Imperatives and Deontic Logic. Analysis, 24. 1963, pp. 33－36.

[2] 为了不至于产生混淆，我们今后把齐硕姆悖论的最初版本称为齐硕姆悖论，而把大量的与齐硕姆悖论具有相同的逻辑结构的悖论称为渎职义务悖论，而在不至于产生混淆的情况下，二者的名称可以通用。

[3] 对这四个语句的形式表达存在着一定的争论，但无论采用什么具体的形式，都将产生本质上相同的问题，关于该问题的详细讨论。参见张传新：《自适应道义逻辑与法律推理研究》，山东人民出版社2011年版，第61~64页。

RM: $\vdash O(A \to B) \to OA \to OB$,

则根据（2′）可以推出：

（5′）$Oh \to Ot$;

对（1′）和（5′）适用道义分离规则（Deontic Detachment，简称DD）:

DD: $\vdash OA \wedge (OA \to OB) \to OB$,

则可以推出：

（6′）Ot;

对（3′）和（4′）适用事实分离规则（Actual Detachment，简称AD）:

AD: $\vdash (A \wedge (A \to OB)) \to OB$,

则可以推出：

（7′）$O\neg t$。

根据（6′）和（7′）则可以推出：

（8′）$Ot \wedge O\neg t$.

很显然（8′）违背了标准规范逻辑中的另一个基本原则——道义一致性原则（No Obligation Conflict Principle，简称D）:

D: $\vdash \neg(OA \wedge O\neg A)$,

即相矛盾的对象不能成为义务。

因为D原则的存在才使SDL对齐硕姆语句集合的形式刻画成为悖论，因此，最自然的解决方法就是构造不包含D原则的规范逻辑系统，其中最具代表性的是由van Fraassen[1]和Chellas[2]构造的极小规范逻辑系统（Minimal Deontic Logic）。根据这些规范逻辑系统，虽然一个系统能够推出OA和$O\neg A$，但是因为D原则无效，所以不再被视为一个矛盾（这是因为与OA相矛盾的是$\neg OA$，而拒绝D原则的实质是否定了与之等价的康德原则：$OA \to PA$，从而也排除了$O\neg A \leftrightarrow \neg OA$的有效性）。事实证明这是一个极弱的规范逻辑系统，在解决齐硕姆

[1] B. C. van Fraassen. The Logic of Conditional Obligation. Journal of Philosophical Logic, 1. 1972, pp. 417 - 438.

[2] B. Chellas. Modal logic: An Introduction. Cambridge University Press, 1980.

悖论的同时，将一些非常具有直观有效的推理模式也排除了，其中重要的一个原则就是聚合原则（Aggregation Principle，简称 AND）：

AND: $\vdash OA \wedge OB \rightarrow O(A \wedge B)$

而排除这个原则的一个直接后果是导致了新的悖论产生。

例 2　斯密斯服兵役的推理

假设有以下语句集合：

（1）斯密斯应当服兵役或者做公务员：$(O(F \vee S))$；

（2）斯密斯应当不服兵役：（O¬F）。

根据直观，我们应当能够根据以上前提推出斯密斯应当做公务员 OS 的结论，然而，因为没有聚合原则，所以，赖以推出 OS 的 O（(F ∨S) ∧¬F）是无效的，所以，在这些系统中无法推出 OS 的结论。

解决齐硕姆悖论的另一种方法是构造二元规范逻辑（Dyadic Deontic Logic，简称 DDL），用二元道义公式 O（B | A）表示在 A 的条件下应当 B。并根据规范适用的条件对“应当”做不同意义上的解读，即将“你应当帮助你的邻居”视为一个初始义务（prima facie obligation）[1]，将“如果你不去帮助他，你应当不告知他你要去”视为一个渎职义务。或者将规范推理定义为特定主体根据一个特定情形下的规范集合推出实际选择的义务的推理过程，则出现在前提集合中的规范被称为理想义务，而将被推出的义务称为全盘考虑的义务（all-things-considered obligation）或者实际义务（actual obligation）。据此，齐硕姆语句集合可以被形式刻画为：

(1″) $O(h \mid T)$；

(2″) $O(t \mid h)$；

(3″) $O(\neg t \mid \neg h)$；

(4″) ¬h.

其中 T 指任意逻辑重言式，表示规范的缺省条件。在这里（3″）

---

[1] 这个概念最早由 Ross 提出（W. D. Ross，The right and the good. Oxford University Press，Oxford. 1930.）。我们今后把这类规则称为表面规则或初始义务，而把废止它们的规则或义务称为实在规则或废止义务。Van Der Torre 则把初始义务称为可废止义务，而把废止义务称为渎职义务。我们认为这仅仅是因为不同的语境而存在的不同的名称，在不至于产生混淆的情况下，我们采用不同的名称。

所表达的义务是（1″）所表达的义务的一个渎职义务，即在只有（1″）被违反的情况下（3″）才具有效力，之所以在SDL中出现了齐硕姆悖论是因为对规范产生效力的条件绝对化了，从而无法处理当相关义务被违反后应当怎么办的问题。在DDL中为了避免齐硕姆悖论，通常采用的方法是排除前件强化原则（Strengthening the Antecedent，简称SA）：

SA：$\vdash O(A \mid B) \rightarrow O(A \mid B \wedge C)$，

SA无效的直接后果是不会根据前提（1″）和（2″）推出O（t丨¬h）的结论，从而避免了矛盾的产生。但是，正如后来人们所发现的，在有些情形下，前件强化原则似乎是应当有效的，而这些系统并不能很好地处理这些情形。例如：

例3　餐桌礼仪悖论

（1）你应当不直接用手抓饭吃：O（¬f丨T）；

（2）你应当将餐巾铺在你的膝盖上：O（n丨T）；

（3）如果你吃的是芦笋，你应当直接用手抓着吃：O（f丨a）。

我们可以说第三条义务的条件违反了第一条义务，即（3）表达的义务是（1）表达的义务的渎职义务，因此，在a为真的条件下不应当受到第一条规则规制，也就是说我们不能将其前件强化为：

（4）如果你吃的是芦笋，你应当不直接用手抓着吃：O（¬f丨a）

但是，现在的问题是第二条规则，它并没有被第三条规则推翻，因而似乎有理由根据（2）、（3）推出：

（5）如果你吃的是芦笋，你应当将餐巾铺在你的膝盖上：O（n丨a）

遗憾的是在缺乏SA原则的二元规范逻辑中，该推理却是无效的。

以上分析表明，对规范推理进行形式刻画构建的规范逻辑既不能太强，从而导致在规范被违反的情况下导致齐硕姆悖论；也不能太弱，从而将一些直观有效的推理模式排除在外。这是因为作为规范推理前提的规范具有缺省的性质，或者说是具有概称句的结构[1]，它们只能相对于特定的条件下被适用，而规范推理所面对的却是一个开放的语境，只有相关条件与规范适用的条件一致的情况下才能被适用，而当

[1] 周北海、毛翊：“一个关于常识推理的基础逻辑”，载《哲学研究》2003年增刊。

不一致的条件存在时，原来根据缺省条件得出的结论被废止。❶ 因而规范推理的规则非常类似于非单调推理或者可废止推理文献中的规则，如 SA 规则非常类似于可废止推理中所称的"确定性保存原则"(Determinacy Preservation，简称 DP)：

DP：如果 $A \mid\sim B$，并且 $A \wedge C \mid\not\sim \neg B$，那么，$A \wedge C \mid\sim B$。

总之，我们认为规范的缺省结构决定了规范推理是一种非单调性推理，形式刻画规范推理的规范逻辑也必须具有非单调逻辑的机制，之所以在传统的规范逻辑中出现了大量的道义悖论，就是因为它们缺少这种机制。

当然，为处理齐硕姆悖论，还有一些学者提出了将规范逻辑与时态逻辑、行为逻辑等相结合，构建时态规范逻辑（如 [Åqvist，Hoepelman，1981]❷、[van Eck，1982]❸、[Loewer，Belze，1983]、[张莉敏，2006]❹❺ 等)、行为规范逻辑（如 [Castaned，1981]❻、[Meyer，1988]❼ 等）等系统。我们说这些系统只能解决部分与时间、行为等因素相关的渎职义务悖论，例如：

例 4　图书馆借阅条例

（1）所借图书应当在一个月内归还；

（2）逾期不还者应当缴纳罚款。

语句（1）所表达的义务只在借阅图书后的一个月内具有实际的效力，超过了一个月后则不再具有效力；而语句（2）表达的义务只有在借阅图书满一个月后才具有效力，在没有满一个月之前不具有实际的效力。通过将时间因素作为规范生效的条件，从而可以避免应当

---

❶ 张传新："法律论题学的逻辑基础"，载《山东大学学报》2010 年第 6 期。

❷ L. Åqvist and J. Hoepelman. Some Theorems about a "Tree" System of Deontic Tense Logic. In R. Hilpinen (ed.)：New Studies in Deontic Logic. Reidel，Dordrecht，1981，pp. 187 –221.

❸ J. A. van Eck. A System of Temporally Relative Modal and Deontic Predicate Logic and Its Philosophical Applications. Logique 'et Analyse 100. 1982，pp. 249 –381.

❹ 张莉敏："义务冲突的道义逻辑研究"，南开大学 2006 年博士学论文。

❺ Barry Loewer and Marvin Belzer. Dyadic Deontic Detachment. Synthese，1983，54：pp. 295 –318.

❻ H. N. Castaneda. The Paradoxes of Deontic Logic：The Solution to all of Them in One Fell Swoop. In R. Hilpinen (ed.)：New Studies in Deontic Logic. Reidel，Dordrecht，1981，pp. 37 –85.

❼ J. J. Ch. Meyer. A Different Approach to Deontic Logic：Deontic Logic Viewed as a Variant of Dynamic Logic. Notre Dame Journal of Formal Logic 29 (1). 1988，pp. 109 –136.

归还图书与应当交纳罚款的义务之间的冲突。但是，时间因素仅仅是确定规范推理可废止性的一个条件，还有很多的渎职义务悖论不涉及或者不明显地涉及时间因素，如例 1 和例 3 所描述的情形就无法通过或者直接通过时态规范逻辑解决。自从 Prakken 和 Sargot 在 1996 年❶提出了一个关于度假别墅管理规定的例子后，对渎职义务推理的研究就很少再把时间作为一个必要因素构建规范逻辑了。行为规范逻辑等情况与此类似，都只能解决部分渎职义务悖论，而不具有普遍性。对于借助于其他因素以对相关义务作出区分所构建的规范逻辑系统都存在着相同的问题。

如上所述，渎职义务悖论的实质是在义务被违反后应当怎么办？很显然，这个问题是与规范推理的实践应用具有密切关系的，因为规范在现实中都存在被违反的可能性。它不仅涉及规范推理的机制问题，还直接涉及对于什么是“应当”的语义解释问题，因为根据规范逻辑的可能世界语义理论，通常把 OA 定义为在可能世界 w 中为真，当且仅当 A 在 w 的所有理想可及世界或者道义替代世界里为真。而如果所有的规范都被遵守，那么这将是一个理想的世界，也就没有存在规范的必要了，相应的规范逻辑也将坍塌为一个真实逻辑系统。例如，在现代规范逻辑产生之前，Mally 在 1926 年曾经构造过一个公理化的规范逻辑系统。❷ 该系统被证明是一个失败的系统，之所以失败就在于该系统可以推出 $A \leftrightarrow OA$ 的定理，即所有实现的都是应当实现的，而所有应当实现的都已经实现了，最终退化为一个不含道义模态词的经典模态逻辑系统。因此，形式刻画渎职义务推理成为规范逻辑必须解决的一个重要问题，也是评价一个规范逻辑系统能否充分地处理道义推理的一个重要的标准。

二、道义困境与道义爆炸问题

所谓道义困境（Deontic Dilemma）是指这样一类特定的情形，基于一个意义明确的“应当”，一个事态 A 既是应当实现的又是不应当

❶ H. Prakken and M. J. Sergot. Contrary-to-duty Obligations. *Studia Logica*, 57, 1996, pp. 91 – 115.

❷ E. Mally. Grundgesetze des Sollens. Elemente der Logik des Willens. Leuschner & Lubensky, Graz, 1926.

实现的，也就是在这类情形中，OA 与 O¬A 都为真。或者更宽泛地说，一个道义困境是指一类特定的情形，其中存在不一致的事态 A 和 B，OA 与 OB 都为真。再宽泛一点说，一个道义困境是一类情形，其中事态 A 和 B 是不可能都得到实现的，即使二者都应当得到实现。这里所谓的不可能实现是指基于讨论所在的语境的任意不可能性，既可以是哲学上的不可能性，也可以是非常现实的不相容性。这些情形意味着在条件 B 下，A 所描述的事态是应当实现的，而在同样的条件下非 A 所描述的事态也是应当实现的，即 $O(A \mid B)$ 与 $O(\neg A \mid B)$ 都为真。[1]

对于规范逻辑是否应当容纳道义困境以及如何形式刻画存在道义困境的规范推理在规范逻辑研究中存在着激烈的争论。在规范逻辑发展的早期，曾经存在着一个反对存在道义困境的可能性的传统。Horty 对这种观点的多种形式进行过分析[2]，Forrester 也提供了丰富的材料[3]。这种传统的观点很多都坚持认为，那些表面上看起来所谓的道义困境，如一个主体应当做 A 并且应当做 B，但是不能既做 A 又做 B 的情形事实上并不是真正的道义困境，它们仅仅是应当做（A 或者 B）的情形。然而，理论上是否承认道义困境存在的可能性并不是问题的关键，关键是在规范领域确实存在着大量的涉及道义困境的情形。Routley 与 Plumwood 对于道义困境如何普遍存在于我们的生活中有详细的讨论。[4]例如，下面是由 Horty 举出的一个例子[5]：

例 5　琼斯看望女儿的困境

（1）琼斯应当在一个特定的时间（如举行婚礼时）看望他的女儿艾比：(OV_a)。

（2）在这种情况下他应当先告诉她他要去，然后再去看望她似乎

---

[1] Lou Goble, A Proposal for Dealing with Deontic Dilemmas. A. Lomuscio and D. Nute (Eds.): DEON 2004, LNAI 3065, 2004, pp. 74 – 113.

[2] J. F. Horty, Reasoning with Moral Conflicts, Nous, 37, 2003, pp. 557 – 605.

[3] J. W. Forrester, Conflicts of Obligation, American Philosophical Quarterly, 32, 1995, 31 – 44.

[4] R. Routley and V. Plumwood, Moral Dilemmas and the Logic of Deontic Notions, In Paraconsistent Logic: Essays on the Inconsistent, G. Priest, R. Routley, and J. Norman, eds., (Philosophia Verlag, Munich, Hamden, Vienna), 1989, pp. 653 – 690.

[5] J. F. Horty, Reasoning with Moral Conflicts, Nous, 37, 2003, p. 581.

也是应当的：$(O(V_a \wedge N_a))$。

(3) 琼斯应当看望他的另一个女儿贝丝，并且也应当告诉她他要去看望她：$(O(V_b \wedge N_b))$。

(4) 艾比与贝丝居住在一个国家相对的两端，这就导致琼斯不允许在同一时间（两人同时举行婚礼）既看望艾比又看望贝丝：$\neg P((V_a \wedge N_a) \wedge (V_b \wedge N_b))$。

这里我们暂时用$\neg P((V_a \wedge N_a) \wedge (V_b \wedge N_b))$表示客观情况决定了不允许琼斯既看望艾比并告知她又看望贝丝并告知她的事实，当然我们也可以用$\neg \Diamond((V_a \wedge N_a) \wedge (V_b \wedge N_b))$表示这种情况。在这样的情况下，根据我们前面提到的 RM 规则，由 $O(V_a \wedge N_a)$ 可以推出 ON_a，同样由 $O(V_b \wedge N_b)$ 可以推出 ON_b。又因为 N_a 与 N_b 是一致的，经适用 AND 规则可以推出 $O(N_a \wedge N_b)$ 也都为真，也就是说琼斯应当告知他的两个女儿他将去看望她们，即使他只能看望其中的一个女儿，但是他也应当告知她们两个他要去看望她们，很显然这是荒谬的。

道义困境造成的最大问题是会导致所谓的道义爆炸（Deontic Explosion，简称 DEX），其意思是说如果存在道义困境，那么（做）所有事情都是应当的。用公示表达就是：

DEX：$\vdash(OA \wedge O\neg A) \rightarrow OB$。

表面看起来产生道义爆炸的原因在于构建规范逻辑时所依赖的作为其基础的经典逻辑（通常为命题逻辑）中包含的由假得全原则（Ex falso Quodlibet，简称 EFQ）：

EFQ：$\vdash(A \wedge \neg A) \rightarrow B$。

因为该原则是经典逻辑的一个基本假定[1]，而规范逻辑通常被视为是模态逻辑的一个分支，即在经典逻辑形式语言的基础上加上道义模态词 O、P、F（或者 O(—|—)、P(—|—)、F(—|—)）建立起来的，其自然也继承了包括 EFQ 原则所导致的问题。另外一个解释与标准规范逻辑所包含的聚合原则和分配原则有关：假设 OA 和$O\neg A$，并且$\neg\Diamond(A \vee \neg A)$，$A \rightarrow A \vee B$，适用分配原则，则$OA \rightarrow O(A \vee B)$，同样，$O\neg A \rightarrow O(\neg A \vee B)$，适用聚合原则，则$O((A \vee B) \wedge (\neg A \vee B))$，它等

[1] 陈波：《逻辑哲学》，北京大学出版社 2005 年版，第 4 页。

值于 $O(B\vee(A\wedge\neg A))$，而后者又等值于 OB，所以，可以得出结论 $(OA\wedge O\neg A)\rightarrow OB$。也就是说如果存在着道义困境，则做任何事情都成为义务。其他以经典逻辑为基础构建的模态逻辑也会出现类似的问题。但是，这个问题在规范逻辑中表现得尤为突出，这是因为在规范领域中道义冲突的存在是普遍的并且是现实的，而在其他逻辑中虽然所构建的系统存在由假得全之类的假定，但往往并不具有现实的基础。例如，我们很容易确认在逻辑意义上□A 和□ ¬A 是相冲突的并且不可能都真，而在规范逻辑中，虽然 OA 与 O¬A 也是相互冲突的，但基于不同的规范渊源却有可能都真。例如，基于法律规范，你应当检举你涉嫌犯罪的朋友，而基于伦理或者某种信念，你应当不检举你涉嫌犯罪的朋友。并且我们不能据此推出（做）所有的事情都是应当的，也不能完全地拒绝推理。

解决道义爆炸问题首先要做到的是剔除道义一致性原则 D，因为它根本否定道义冲突存在的可能性，其次分析产生道义爆炸的原因，剔除或者限制产生道义爆炸的推理规则，事实证明这是规范逻辑研究中存在的最复杂的问题之一。这是因为任何包含我们前面提到的遗传原则 RM、聚合原则 AND 和由假得全原则的逻辑系统都将导致道义爆炸。因此，规范逻辑要能够充分地处理道义困境并避免道义爆炸都必须拒绝原则 RM、AND、EFQ，或者至少其中的一个。

使问题更加复杂的是，如果加入逻辑等值置换规则（Rule of Replacement for Equivalents，简称 RE）：

RE：如果 $\vdash A\leftrightarrow B$，那么，$\vdash OA\leftrightarrow OB$，

则 RM 等价于分配原则（Distributive Principle，简称 M）和析取规则（Disjunctive Rule，简称 OR）：

M：$\vdash O(A\wedge B)\rightarrow(OA\wedge OB)$；

OR：$\vdash OA\rightarrow O(A\vee B)$。

而等值置换规则 RE 对于任意合理的规范逻辑似乎都是一个必要条件。这就意味着在 RM 有效的情况下，M 和 OR 都是可以推出的（当然是在 RE 有效的条件下）；在假定 RE 有效的情况下，则根据 M 或 OR，RM 也是可以推出的。因此，若 M 或 OR 有效则同样会导致 DEX。现在的问题是哪一种方法最可取呢？

Lou Goble 认为，一个能够处理道义困境的（一元）规范逻辑应当满足以下标准：❶

第一，一致性（Consistency）原则。冲突（OA，OB）不能在一个逻辑中推出矛盾。至少要明确存在规范冲突的可能性。

第二，无不足道性（Non-triviality）原则：一个能够充分处理规范困境的规范逻辑避免道义爆炸以及类似的情况，即使下面的道义爆炸原则无效：

DEX-1：如果⊢B，那么，$\vdash(OA \wedge O\neg A) \rightarrow OB)$；

DEX-2：$\vdash(OA \wedge O\neg A) \rightarrow (PB \rightarrow OB)$；

DEX-3：$\vdash(OC \wedge PC) \rightarrow ((OA \wedge O\neg A) \rightarrow (PB \rightarrow OB))$。

第三，强度性（strength）原则：一个能够容纳道义困境的规范逻辑应当通过增加道义一致性原则 D：⊢OA → ¬O¬A 作为一个公理使其等价于标准规范逻辑 SDL。

van Fraassen 在 1972 年❷，Chellas 在 1980 年❸，Lou Goble 分别在 2004 年❹、2005 年❺、2009 年❻都构建了容纳道义困境的规范逻辑。其中前几个采用的方法是剔除某个或者某几个标准规范逻辑的基本原则，结果是所构建的系统太弱，从而使一些可欲的推理模式无法得到刻画。Lou Goble 采用了限制而不是完全剔除某个或者某几个道义原则的方法，但所用到的限制条件需要在该系统之外通过用户自主地作出判断，因此我们认为它不是一个充分的形式系统。

需要指出的是尽管在形式结构，乃至于解决方案上，道义困境与道义爆炸问题与渎职义务推理问题以及后面要提到的例外义务推理问

❶ Lou Goble, Normative Conflicts and The Logic of ' Ought ', NOUS 43: 3, 2009, pp. 450-489.

❷ B. C. van Fraassen. The Logic of Conditional Obligation. Journal of Philosophical Logic, 1972, 1: 417-438.

❸ B. Chellas. Modal logic: An Introduction. Cambridge University Press, 1980.

❹ Lou Goble: A Proposal for Dealing with Deontic Dilemmas. A. Lomuscio and D. Nute (Eds.): DEON 2004, LNAI 3065, 2004, pp. 74-113.

❺ Goble, Lou, A Logic for Deontic Dilemmas, *Journal of Applied Logic*, 3, 2005, pp. 461-483.

❻ Lou Goble, Normative Conflicts and The Logic of ' Ought ', NOU S 43: 3, 2009, pp. 450-489.

题有很大的相似性，但这是两个不同的问题。前者讨论的问题直接表现为哪一个原则应当、不应当包含在一个规范逻辑中，以使其能够处理道义困境。而后者涉及的问题是如何在相冲突的义务中进行选择。但应当与可废止推理研究文献中经常面对的问题区别开来，后者处理的问题是一个人拥有的信息依据传统的观点导致不一致的结论，可废止推理采用的方法使其中的一些信息废止了其他信息的应用，因而事实上并没有真正的冲突出现（鸟会飞，企鹅是鸟，企鹅不会飞，X 是一只企鹅。那么我们可以得出结论说 X 不会飞，因为它是一只企鹅；我们不会得出结论说 X 会飞，尽管它是一只鸟。在这里因为企鹅不会飞的规则比鸟会飞的规则更具特异性，所以，前者废止了后者的适用）。与此类似，一个人可能拥有的信息得出结论说他应当做 A，但是进一步的信息得出结论说他应当做 B，但是 A 与 B 是不相容的，而后者遮蔽或者废止了前一个义务。（例如，一个规范集合，其中的一个规范要求应当做 A，而另一个规范要求禁止做 A，但是还可能存在一个关于等级的程序表明在特定的情境中后一个规范优先适用于前一个规范，因而禁止做 A 的规范废止了允许做 A 的规范）而道义困境所描述的是在 A 与 B 不相容时，OA 与 OB 没有一个是被废止的或者是相互废止的。[1] 但是，我们认为这种区分也不是绝对的，因为二者涉及的基本问题都是在推理的前提集合中存在相冲突的信息时如何得出相应结论的问题。在可废止规范逻辑中，基于冲突的信息可能形成不同的扩张，当前提集合中的规则存在着优先关系，或者事实之间存在特异性差异时，我们可以基于这种优先关系或特异性选择其中的一个扩张作为推理的结论，而当无法区分这种关系的时候往往只能是一种策略（轻信的策略或者谨慎的策略）的选择，这时的可废止推理实质上处理的就是一个道义困境问题。而就 Goble 所构建的处理道义困境的 DPM 系统来看，只不过把他认为是不言而喻的隐含条件作为推理的前提加入前提集合中，从而限制相应的推理规则的适用而已。而如果排除这样一种可能性，即构成道义冲突的两个义务并不具有可以根据某种优先关系以其中的一个义务废止另一个义务，那么就应当采用道义

---

[1] Lou Goble：A Proposal for Dealing with Deontic Dilemmas. A. Lomuscio and D. Nute (Eds.)：DEON 2004，LNAI 3065，2004，pp. 74 – 113.

困境推理的模式。

三、例外义务与例外义务推理问题

对于我们前面所举的例3还存在着另一种解释，这就是将（3）表达的规则视为（1）表达的规则的一个例外。

例6　餐桌礼仪悖论（续）

（1）你应当不直接用手抓饭吃：$O(\neg f|T)$；

（2）你应当将餐巾铺在你的膝盖上：$O(n|T)$；

（3）如果你吃的是芦笋，你应当直接用手抓着吃：$O(f|a)$。

也就是说当你吃的是芦笋，并且直接用手抓着吃的行为并没有构成对应当不直接用手抓饭吃的义务的违反，基于渎职义务是只有在特定义务被违反的条件下才产生效力的定义，严格来讲（3）表达的义务并不是一个渎职义务而是一个例外义务。刻画例外义务推理遭遇到的最大困难在于它的适用条件是与之对应的典型义务的适用条件的一个具体形式。就本例而言，我们可以把（1）表达的规范的适用条件理解为对“就餐”的一种缺省表达，而吃芦笋显然是就餐的一种具体形式，因此，适用前件强化原则SA，可以根据$O(\neg f|T)$和a推出$O(\neg f|a)$，从而与（3）表达的规范相矛盾。

例外义务推理非常类似于人工智能与计算机科学领域所研究的常识推理，即根据一个关于典型事例的规则得出一个结论，而对于一个关于具体事例的规则得出另一个结论。然后根据特异性原则，后者废止前者。在多个可废止规范逻辑中采用的就是这种方法（参见第三章第二节）。但是，问题是在规范逻辑中还存在一些常识推理所不能刻画的其他可废止推理模式，即前面讨论的渎职义务推理和道义困境推理，因此，当以这类规范逻辑处理非例外义务推理时就无法给出令人满意的解决方案。

四、涵摄义务推理问题

涵摄义务推理是本书在规范逻辑研究中首先提出的一个概念，长期以来这种推理模式之所以没有受到人们的关注，是因为这种推理模式是通过经典逻辑的一些基本原则即可实现的一种推理模式。这主要表现为两个方面。

第一，前件强化原则SA。与例外义务推理相反，在现实的规范推理中存在的大部分或者典型的推理模式都是通过适用前件强化原则实现的。例如：

例7　涵摄义务推理

（1）上课时你应当认真听讲：$O(s \mid t)$；

（2）你上逻辑学课：$t \land l$。

根据以上前提我们当然希望能够得出结论 $O(s \mid t \land l)$，这是因为 $t \land l \rightarrow t$，并且（2）所描述的事实条件并不是适用（1）所表达的规范的例外。

第二，事实分离原则FD。以A以及在A的条件下应当做B的义务作为前提，那么就可以推出一个应当做B的现实义务，即 $A \land O(B \mid A) \rightarrow OB$。这是一个非常符合直观的推理模式。问题是基于处理渎职义务推理等原因，很多规范逻辑并不包含FD，从而使这些可欲的推理模式被排除在外，这不能不说是这些规范逻辑的缺陷。但是，如果包含这个原则，在处理渎职义务、例外义务、道义困境推理时就会导致不一致的结论出现。因此，这也成为规范逻辑研究中的一个难题。Åqvist曾经悲观地说："我们似乎感觉到分离原则应当是可能的，但是，两种方法（指事实分离原则和道义分离原则）都无法做到这一点，我们真的能做到吗？这是一个关于义务与分离原则的难题。"[1]

也许单独刻画某一种类型的规范推理模式对于规范逻辑而言并不是一件特别困难的事情，但要在一个逻辑系统中对以上列举的所有推理模式都进行恰当的刻画才使得问题变得复杂起来。这就要求，第一，一个充分的规范逻辑首先能够区分不同类型的规范推理模式，并对其形式结构予以准确的刻画。第二，不能单单为了刻画某种类型的推理模式而简单地剔除某个或某些基本的原则，其结果往往导致所构建的系统太弱，而不能刻画另外一些可欲的推理模式，如前面所提到的极小规范逻辑系统。可取的方案应当是对一些原则的适用条件予以必要的限制，根据相应的条件确定这些原则是否可以适用，这就

[1] L. Åqvis. Deontic logic. In D. Gabbay and F. Guenthner, editors, Handbook of Philosophical Logic, Reidel, Dordrecht, 1984, p. 199.

决定了所构建的系统必然是非单调的系统。第三，虽然标准规范逻辑所包含的几乎每一个原则都受到了批评，但鉴于迄今为止它依然是最为基础的规范逻辑系统，以此作为研究的起点不失为一个合理的选择。

第三章　道义爆炸及道义困境推理的逻辑刻画

我们生活在普遍的规范之中，以规范约束、指导我们的行为选择。然而，无论是在真实的现实世界，还是虚拟的人工智能世界，一个主体常常处于不一致、甚至相互冲突的规范的包围之中。标准道义逻辑因为继承了经典逻辑的由假得全原则，当存在规范冲突时而导致道义爆炸的结果，即做任何事都成为义务。因而，构建能够容纳规范冲突又能够避免道义爆炸的逻辑系统成为道义逻辑，乃至于人工智能研究的重要课题之一。[1]

一、道义困境的特征及形式刻画

在现有研究文献中，有两个常被视为道义冲突的例子，它们分别是柏拉图悖论和萨特悖论所描述的情景。在柏拉图《理想国》中，克法洛斯将“正义”定义为说真话，偿还债务。苏格拉底迅速反驳了这种观点，提议说偿还某些债务是错误的——例如，偿还一位处于精神错乱状态的朋友的武器。[2] 苏格拉底的观点并不是说偿还债务是不具有道德意义的，相反，他希望表明偿还债务并不总是正确的，至少当债权人要求偿还债务的时机不合适时偿还债务是不恰当的。这时所遇到的就是两个道德规范之间的冲突，即偿还债务的义务和避免他人受到伤害的义务之间存在冲突。萨特描述的另外一个道义冲突的例子是：他的一位学生的哥哥在 1940 年被入侵的德国人所杀，这位学生想为他

---

[1] Jan Broersen，Leon van der Torre，Ten Problems of Deontic Logic and Normative Reasoning in Computer Science. Dagstuhl Seminar Proceedings 07122 Normative Multi – agent Systems. http：//drops. dagstuhl. de/opus/volltexte/2007/941.

[2] ［古希腊］柏拉图：《理想国》，郭斌和、张竹明译，商务印书馆 1986 年版，第 6 页。

的哥哥报仇，于是参加抵抗组织。但是这位学生的母亲与他生活在一起，并且因丧子之痛而得病需要这位学生的照顾。[1]

柏拉图和萨特所举的这两个例子被广泛引用，在我们生活中类似的例子更是大量存在。例如，我们为是否举报涉嫌犯罪的朋友而左右为难，一方面基于法律的义务我们应当举报，另一方面基于社会伦理不应当举报。医生为是否将严重的病情告知患者而左右为难，一方面基于人道主义考虑他不应当告知，因为这徒增患者的痛苦而于治疗无补，另一方面基于职业操守他应当告知，否则将侵犯患者的知情权。

以上几种情形有一个共同的特点：在每一种情形中，主体认为自己有义务去实施两个行为中的每一个，但是又不可能同时做两件事情，因为它们是相矛盾的。伦理学家把这些情形称为道义困境。道义困境的本质特征是：主体被要求实施两个或两个以上的行为中的每一个，并且该主体可以分别实施每一个行为，但是该主体无法实施所有的这些行为。该主体似乎无论怎么选择，都不可避免要做错误的事情（或者不能去做他应当去做的事情），因此不可避免地要受到惩罚。

但是，在这里我们并不认为这些情形都属于真正的道义困境，因为我们可以假定在有些冲突的义务之间存在着某种优先关系：在柏拉图所举的例子中，避免他人受到伤害的义务要比归还所借的武器的义务重要得多。无论怎样，所借的东西可以晚一些时候，当武器的主人不再威胁到他人的时候再还。因此在这种情况下，我们可以说要求避免他人受到伤害的义务推翻（overide）了归还所借之物的义务。当一个义务推翻了与之相冲突的其他义务时，我们就不再有一个真正的道义困境了。因此，对于真正的道义困境我们还需要加上另一个特征，就是相互冲突的义务中不存在其中的一个（些）推翻其他义务的情况。[2]

对于一般的道义冲突和真正的道义困境存在着不同的处理方法。二者的共同之处是存在超过一个的相互矛盾的戒律（precept，指规则或原则），并且可以适用于同一种情形。对于一般规范冲突的一个显而易见的处理方法是对这些戒律进行排序，不管怎样很多时候它们是

---

[1] Sartre, Jean-Paul, Existentialism is a Humanism, Trans, Philip Mairet, in Walter Kaufmann (ed.), Existentialism from Dostoevsky to Sartre, New York: Meridian. pp. 287 – 311. 1957.

[2] Sinnott-Armstrong, Walter, Moral Dilemmas, Oxford: Basil Blackwell. p. 186. 1988.

存在优先等级的。根据这种模式，具有最高优先等级的戒律通常具有优势，然后是具有第二等级的戒律，除非它们与第一等级的戒律相冲突，依此类推。据此，我们可用优先可废止道义逻辑的方法予以处理。然而，这种方法具有两个突出的问题。第一，对道义规则和原则按优先等级排序并不总是成立的。例如，对于萨特悖论所描述的情形，这位学生陷入两种道德之间左右为难：一个针对性较小但影响是确定的，就是对他母亲的照顾；另一个意义深远，但是影响是不确定的。如果，假定这位学生参军能够对反抗侵略具有重大作用，当然可以认为参军的义务推翻了照顾母亲的义务，然而如果这个假定不成立，则很难确定这种优先排序是成立的，因此，就构成一个道义困境。第二个问题是即使可以对道义戒律按照优先等级进行排序，也可能出现这样的情形，同样的戒律导致相冲突的义务。一些研究者称这种情形为道义对称性。[1] 其中的一个典型的例子是威廉·史泰隆所描述的索菲的抉择困境。索菲和她的两个孩子被关进纳粹集中营里。一名看守站在索菲的面前并告诉她，她的两个孩子中的一个要被杀死而另一个可以活下来。索菲的难题是她必须决定哪一个孩子会被杀死。索菲可以避免她的孩子中任意一个的死亡，但也必然为另一个孩子的死亡感到内疚。这名看守又告诉索菲如果她不作出选择，那么两个孩子都要被杀死。基于后面增加的因素，索菲对于作出选择有了更大的道德压力。但是对于每一个孩子，索菲具有明显相同强度的理由保护她或他的生命。因而，同样的道义戒律导致了相冲突的义务。

据此，我们可以将道义困境定义为：一个主体 s 基于同一条件存在义务 OA 和 OB，但是 OA 与 OB 是不相容的，并且其中的一个义务不能推翻另一个义务。该定义可被形式刻画为：$OA \wedge OB \wedge O(\neg(A \wedge B))$，或者 $OA \wedge OB \wedge \neg\Diamond(A \wedge B)$。

一个更简单的定义是一个事态 A 既是应当实现的又是不应当实现的，也就是在这类情形中，OA 与 $O\neg A$ 都为真，即：$OA \wedge O\neg A$。

如果接受遗传原则 RM：

RM：如果 $\vdash A \rightarrow B$，那么 $\vdash OA \rightarrow OB$，

---

[1] Ruth Barcan Marcus，Moral Dilemmas and Consistency. Journal of Philosophy 72（3）. 1980，pp. 121 - 136.

或者它的一些变体，以及逻辑等值置换规则 RE：

RE：如果 $\vdash A \leftrightarrow B$，那么，$\vdash OA \leftrightarrow OB$，

则第一个道义困境可以归结为第二个道义困境的定义，也就是说第一类道义困境都蕴含着一个第二类道义困境。因此，任何道义逻辑要避免第二类道义困境都必须避免第一类道义困境。据此，我们完全可以只考虑第二类道义困境，因为对它的讨论更为简单，尽管在后面的讨论中我们可能会列举一些第二类道义困境的例子。

二、道义爆炸及容纳道义困境推理的道义逻辑的标准

逻辑刻画道义困境并不是从根本上解决道义困境问题，或者说如何在相互冲突的义务之间作出选择。我们认为，当涉及在相互冲突的义务之间作出道义选择时，必须借助于根据某个标准对这些义务的优先性进行衡量的问题，而根据前面的分析，真正的道义困境中的义务并不存在这种优先关系，因此前面我们所讨论的各种方法都无法处理道义困境推理问题。而所要做的主要是解决以下两个方面的问题。

第一，如何避免道义爆炸（Deontic Explosion，简称 DEX）。所谓道义爆炸是指如果存在道义困境，那么所有事情都是应当的。

DEX：$\vdash (OA \wedge O\neg A) \rightarrow OB$。

人们认为，道义爆炸产生的原因有两个解释，一是由经典逻辑的由假得全原则（Ex Falso Quodlibet，简称 EFQ）、聚合原则 AND 和遗传原则 RM 所共同导致的：

EFQ：$\vdash (A \wedge \neg A) \rightarrow B$；

AND：$\vdash (OA \wedge OB) \rightarrow O(A \wedge B)$。

设基于同一情形应当做行为 A 和 $\neg A$，根据以上定义则义务 OA 和 $O\neg A$ 构成一个道义困境。假设任意行为 B，则 $(A \wedge \neg A) \rightarrow B$；对其适用 RM，则 $O(A \wedge \neg A) \rightarrow OB$；对 OA 和 $O\neg A$ 适用 AND，则 $O(A \wedge \neg A)$；对以上两个公式适用 MP，则 $(OA \wedge O\neg A) \rightarrow OB$，即如果存在道义困境，那么所有事情都是应当的。

另一个解释则是将两个不相容的行为表达为 $\neg \Diamond (A \wedge \neg A)$。假设 OA 和 $O\neg A$，并且 $\neg \Diamond (A \wedge \neg A)$，A 蕴涵 $A \vee B$，适用遗传原则，则

OA 蕴涵 O(A∨B)，同样，O¬A 蕴涵 O(¬A∨B)，适用聚合原则，则 O((A∨B)∧(¬A∨B))，它等值于 O(B∨(A∧¬A))，而后者有等值于 OB，所以，可以得出结论（OA∧O¬A）→OB。

基于前面的分析，道义困境的情形是普遍存在的，但我们并不因此认为做所有的事情都是应当的，因此对于一个能够充分刻画道义困境推理的道义逻辑必须避免道义爆炸。

第二，通过对道义爆炸原则 DEX 的限制，尽可能得出可欲的结论。以萨特悖论为例，尽管参军的义务与照顾母亲的义务构成了一个道义困境，但我们依然希望其他的义务具有确定性，并且能够分别参与到其他的规范推理之中。尽管道义困境的存在将使特定的义务失去唯一的行为指引性（Uniquely Action-Guiding），但我们不希望整个道义体系因此而坍塌，而是希望能够将道义困境限定在一个特定的范围，并能够进行其他的规范推理。

据此我们提出一个能够充分处理道义困境的逻辑应当满足以下标准：

*：无不足道性（Non-triviality）标准。一个能够容纳道义困境的道义逻辑应当不能根据义务冲突 OA 和 O¬A 推出矛盾，导致道义爆炸，即这个逻辑应当使 DEX 原则无效。

**：强度（Strength）标准。一个能够容纳道义困境的道义逻辑应当满足，如果增加了道义一致性原则 D，则该逻辑应当与标准道义逻辑 SDL 等价，即所构建的道义逻辑在不存在道义困境时能够得出与 SDL 相同的结论。这样做的好处是，第一，只需要对 SDL 做最小的修改而使其能够容纳道义困境。第二，在我们将要构建的自适应道义逻辑中可以把 SDL 作为一个上限逻辑，便于证明其可靠性和完全性定理。

这两个标准分别从两个方面保证了所构建的道义逻辑系统既不至于太强，以至于将不可欲的推理模式有效，也不至于太弱使可欲的推理模式无效，而现有文献中的道义逻辑要么太强，如 SDL；要么太弱，如极小道义逻辑系统，都不能满足这两个标准。

Lou Goble 还提出了一致性（Consistency）标准，即冲突（A，B）

不能在一个逻辑中推出矛盾。至少要明确存在规范冲突的可能性。[1]我们认为，这是容纳道义困境的道义逻辑的一个前提条件，并且涉及道义逻辑的基础逻辑，而我们只需要对相关道义原则加以限制即可满足这个要求，所以这个标准是多余的。

三、容纳道义困境的道义逻辑的各种可能进路

构建能够充分刻画道义困境的规范推理的道义逻辑的首要前提是不能使道义一致性原则 D 有效，因为它从根本上排除了道义困境存在的可能性。然而，仅仅排除 D 原则是远远不够的，因为如前所述，任何包含遗传原则 RM 与聚合原则 AND 和由假得全原则 EFQ 的道义逻辑事实上也都会导致道义爆炸。因此，道义逻辑要能够充分地处理道义困境就必须拒绝原则 RM、AND、EFQ，或者其中至少一个。另外，如果加入等值置换规则 RE，则遗传原则 RM 等价于聚合规则的逆 M，并且等价于析取规则 OR：

M：$\vdash O(A \wedge B) \rightarrow (OA \wedge OB)$；

OR：$\vdash OA \rightarrow O(A \vee B)$。

而等值置换规则 RE 对于所有合理的道义逻辑似乎都是一个必要的条件。这就意味着在 RM 有效的情况下，M 和 OR 都是可以推出的（当然是在 RE 有效的前提下）；在假定 RE 有效的情况下，则根据 M 或 OR，RM 也是可以推出的。因此，若 M 或 OR 有效则同样会导致 DEX。

因此，构建能够充分刻画道义困境的规范推理的道义逻辑的可能方案在保证 D 原则无效，RE 原则有效的前提下，包括以下几种选择：

第一，限制或使 EFQ 原则无效。

第二，限制或使 AND 原则无效。

第三，限制或使 RM 原则无效，并且使 M 和 OR 原则无效。

首先讨论限制或使 EFQ 原则无效。导致道义爆炸 DEX 的最直接的原因就在于由假得全原则 EFQ，因此限制该原则也就成为避免道义爆炸的最直接的方法。然而，这意味着将道义逻辑建立在一个弗协调

---

[1] Lou Goble, Normative Conflicts and The Logic of "Ought". NOU S 43: 3 (2009) 450 - 489.

逻辑的基础之上，而不是经典逻辑（通常是命题逻辑 PC）基础之上。这就需要进一步考虑弗协调逻辑本身以及与道义逻辑结合中的诸多问题。诚如 Coniglio 所言，弗协调道义逻辑的重要作用在于探知道义困境的所在，“包含这些矛盾语句的信息集合（如一个数据库）可以被‘修补’并易于被理解。事实上，从一个逻辑平庸的语句集合中（如标准道义逻辑，简称 SDL）推导出形如弗协调的 A 的语句的推理帮助，我们探知哪些语句与一个道义冲突有关。因此，我们可以作出一个决定（如从一个数据库中移除它们，或者对它们予以修正）以消除相关冲突。而并不是真正的刻画道义困境推理”。[1] 近年来，弗协调道义逻辑研究的另一个成果是余俊伟构建的弗协调真势道义逻辑系统 $C_{nm}G'$[2]，该系统是在张清宇弗协调模态命题逻辑 C_nG'[3]的基础上，通过引入一个 Kanger 类型的表达“道义所吩咐”的常量 Q[4] 而构建的真势归约系统。但该作者也认为这种方法同样存在着诸多问题。鉴于本书研究的主要目的在于刻画道义困境推理模式，因此对这种方法不做深入讨论。

其次是限制或使聚合原则 AND 原则无效。Lou Goble 曾构建了一个放弃聚合原则 AND 的被称为 P 的系统。[5] 它是一个非常弱的道义逻辑，不能刻画似乎必须要求聚合原则 AND 的一些推理模式，因此不是解决道义困境的一个理想方案。

那么，在似乎太强的标准道义逻辑与似乎太弱的极小道义逻辑如系统 P 之间是否存在第三条道路呢？因为对聚合原则的不同处理似乎是系统 P 与 SDL 的主要区别，因此似乎存在一种方法限制 AND 而不是完全舍弃该原则。为此，Lou Goble 又探讨了对聚合原则予以限制的

---

[1] M. E. Coniglio. Logics of Deontic Inconsistency. Revista Brasileira de Filosofia 233：162－186，2009.

[2] 参见余俊伟：《道义逻辑研究》，中国社会科学出版社 2005 年版。

[3] 参见张清宇：《弗协调逻辑》，中国社会科学出版社 2003 年版。

[4] S. Kanger，New Foundations for Ethical Theory，in Hilpinen（ed.）Deontic Logic：Introductory and Systematic Readings（D. Reidel，Dordrecht），1971.（Originally published in 1957）.

[5] L. Goble，Multiplex Semantics for Deontic Logic，Nordic Journal of Philosophical Logic，5（2000），113－134. Preference Semantics for Deontic Logic. Part I：Simple Models，Logique et Analyse 183－184（2003）383－418. Preference Semantics for Deontic Logic. Part II：Multiplex Models. Logique et Analyse 185－188（2004）335－363.

各种可能性。[1] Lou Goble 证明了，任何通过限制聚合原则而企图避免道义爆炸的方法都将导致某种类型的与该限制有关的道义爆炸。对于任意试图通过限制而不是排除聚合原则 AND，以使其容纳道义困境的方法都是不可行的。

最后是限制或使 RM 原则无效，并且使 M 和 OR 原则无效。这方面的研究成果主要以 Lou Goble 构建的 DPM 系统为代表。[2]

DPM 系统的基本思想是通过对遗传原则 RM 的限制，避免道义爆炸 DEX 及其变体的有效。具体地说，就是用下面的原则 RPM 代替 RM：

RPM：如果 $\vdash A \to B$，那么，$\vdash PA \to (OA \to OB)$，

其中，$PA =_{def} \neg O \neg A$。该公式可以理解为如果 A 蕴含 B，那么，如果应当做 A 则应当做 B，条件是 A 是被允许的或者不被规范系统所阻止。换句话说就是，如果 A 是一个非冲突的义务并且蕴含 B，那么，B 也是一个义务。

DPM 是在经典逻辑 PC 的基础上，增加以下原则，并且在分离规则下封闭构成的系统：

RE：如果 $\vdash A \leftrightarrow B$，那么 $\leftrightarrow OA \leftrightarrow OB$；

RPM：如果 $\leftrightarrow A \to B$，那么 $\leftrightarrow PA \to (OA \to OB)$；

N：$\vdash OT$；

AND：$\vdash (OA \wedge OB) \to O(A \wedge B)$。

其中 RE 表示逻辑等值置换规则，这是对于任何可行的道义逻辑都应当具有的一个规则，无论是否可以容纳道义困境。对于不受限制的 RM 的逻辑系统，RE 是可推出的，而在这里因为 RM 受到了限制所以要明确地表达出来。将 N 包含进来的主要目的是使所构建的系统类似于 SDL；基于 N 和 RE，则可以推出必然化规则 RN，即如果

---

[1] Lou Goble, A Proposal for Dealing with Deontic Dilemmas. A. Lomuscio and D. Nute (Eds.): DEON 2004, LNAI 3065, pp. 74 - 113, 2004. A logic for Deontic Dilemmas. Journal of Applied Logic 3 (2005) 461 - 483. Normative Conflicts and the Logic of 'Ought'. NOU S 43: 3, 2009, 450 - 489.

[2] Lou Goble: A Proposal for Dealing with Deontic Dilemmas. A. Lomuscio and D. Nute (Eds.): DEON 2004, LNAI 3065, pp. 74 - 113, 2004. A Logic for Deontic Dilemmas, *Journal of Applied Logic*, 3, pp. 461 - 483. 2005. Normative Conflicts and The Logic of 'Ought', NOU S 43: 3, 2009, pp. 450 - 489.

$\vdash$A 则$\vdash$OA。我们也可以省略这两种形式，而仅仅给出 RPM 和 PC，则能够推出$\vdash$（OA∧PA）→OT。因此，如果一件事情既是应当的且是被允许的，即是一个无冲突的义务，那么毫无疑问重言式 T 将成为义务。因此，不包含如上所述的 N 影响不大。RPM 包含一个不受限制的聚合原则 AND，因为 D 无效，所以不会出现道义爆炸 DEX（包括 DEX－1 和DEX－2）。又因为包含不受限制的 AND，所以，DPM 必须排除 P：$\vdash$¬O⊥，否则将推出 D$\vdash$¬(OA∧O¬A)，这将有违我们构建一个能够容纳道义爆炸的道义逻辑的初衷。

以经典逻辑为基础包含不受限制的 RM 原则的道义逻辑系统中不存在对分配原则（Distribution Principle）K：O(A→B)→(OA→OB)与聚合原则 AND 的区分，也就是说根据其中的一个可以证明另一个。对于 DPM 系统则不是这样。DMP 不包含分配原则。如果使其有效，因为包含 AND 原则，据此可以推出不受限制的遗传原则 RM，因而也就会出现道义爆炸。

尽管 K 是不可接受的，并且在 DPM 中不可推出，但根据 RPM，以及不受限制的聚合原则 AND，可以推出受到限制的 PK：

PK：$\vdash$P(A∧B)→(O(A→B)→(OA→OB))

反过来，假定 PK，连同 N 和 RE 可以推出 RPM。因此我们可以选择以上两组原则作为公理构建相应的系统。

可以证明 DPM 可以避免 DEX 及其多个变体，所以该系统满足了标准 *。也可以证明在不存在道义困境的情况下，即没有违反 D 公理，DPM 将与标准道义逻辑 SDL 等价。也就是说，如果将 D 作为公理增加到 DPM 中，所构成的系统将等价于 SDL。很显然，DPM + D 都包含在 SDL 中。需要证明的是根据 D 和 RPM 将能够推出 RM：

(1) $\vdash$A→B；	前提
(2) $\vdash$PA→(OA→OB)；	前提
(3) $\vdash$OA→PA；	D
(4) $\vdash$OA→(OA→OB)；	(2)、(3)，PC
(5) $\vdash$OA→OB。	(4)，PC

因此，DPM + D 包含 RM，N，D 和 AND，等价于 SDL。所以，DPM + D 等价于 SDL。所以，该系统满足了标准 ** 。

因此，系统 DPM 不仅成功地避免了道义爆炸，也可以充分地处理以前所构建的系统中出现的问题。这样看来这些逻辑系统并不是太强。但是，真正的问题是它们是否会太弱，即 DPM 会不会无法刻画我们所希望的所有的推理模式呢?

我们看 DPM 如何处理多个太弱的系统无法处理的斯密斯应当服兵役的例子。

例 1　斯密斯不服兵役的推理

假设有以下语句集合：

(1) 斯密斯应当服兵役或者做公务员：($O(F\vee S)$)；

(2) 斯密斯应当不服兵役：($O\neg F$)。

基于前提集合 $S=\{O(F\vee S),\ O\neg F\}$，我们希望得出符合直观的结论 OS。Lou Goble 把斯密斯不服兵役而是做公务员是被允许的作为一个隐含的前提，即二者是被允许或者不被禁止的 $P(\neg F\wedge S)$ 加入前提集合中。[1] 在 DPM 中，其推理过程为：

(1) $O(F\vee S)$；	前提
(2) $O\neg F$；	前提
(3) $P(\neg F\wedge S)$；	前提
(4) $\vdash(\neg F\wedge S)\leftrightarrow((F\wedge S)\wedge\neg F)$；	PC
(5) $P((F\vee S)\wedge\neg F)$；	(3)、(4)，RE
(6) $O((F\vee S)\wedge\neg F)$；	(1)、(2)，AND
(7) $\vdash(F\vee S)\wedge\neg F)\rightarrow S$；	PC
(8) $\vdash P((F\vee S)\wedge\neg F)\rightarrow$ $(O(F\vee S)\wedge\neg F)\rightarrow OS)$；	(7)，RPM
(9) OS.	(5)、(6)、(8)，PC

注意，前提 (3) 表达的是一个隐含的前提，即允许斯密斯不服兵役而是提供其他服务。因此，如果接受了隐含的前提 (3)，则 DPM 系统可以很好地处理这类推理。

DPM 系统的核心思想在于通过对遗传原则的限制避免道义爆炸。

[1] 我们把这段话加上着重号，意在提醒大家的注意，这是 Lou Goble 系统的一个关节点，而这种做法是存在问题的，详见后文的讨论。

然而，能否适用该原则的条件限定并不包含在这个系统中，而是需要用户基于独立的判断将一些隐含的条件加入前提集合中。这实质上是引入一个基于某种直观的优先标准对应当作出什么样的道义选择作出判断，因此该系统只能刻画规范推理的单调性推理，而将非单调的推理过程留给用户。如同在例 1 中所看到的，在已经给出的前提中，并不能推出 P(¬F∧S)，尽管基于直观我们认为这是可以接受的，但这种方法显然并不符合为某类推理构建逻辑模型的基本要求。

首先，对于一个充分的逻辑系统，我们希望能够根据其内在的推理机制自动地产生相应的命题，该逻辑应当尽可能地形式刻画推理过程，而不是由用户进行额外的做出判断。

其次，在前提集合非常复杂的情况下，用户可能难以明确地判断哪些允许规范可以，以及应当加入前提集合中。新增加的前提可能会导致道义冲突，甚至道义爆炸。在这种情况下又需要增加新的允许规范，一方面会导致极大的不确定性，另一方面可能会导致无限逆推。因此，我们需要的一个逻辑是能够把定位道义冲突作为证明过程自身的一部分，而不是由用户运用试错的方法自己确定是否存在道义困境，以及如何处理道义困境。

处理道义冲突推理的方法可以区分为道义冲突阻止法和道义冲突消除法，前者将规范推理刻画为某些道义原则有效而另一些无效的静态模型，静态的刻画只能使某些原则永远无效，则导致构建的道义逻辑太弱，或者使某些原则永远有效，则导致构建的道义逻辑太强。而后者将规范推理刻画为一个动态的演化过程，而规范推理的非单调性特征决定了有些道义原则有时候是有效的，有时候是无效的，因此这是一个动态的过程。DPM 本质上采用的是道义冲突阻止法，所以它只能将遗传原则的适用条件的确定诉诸于用户。这是所有这类方法无法克服的一个难题。

但是，需要肯定的是，Lou Goble 的研究为我们明确了规范推理中哪些道义原则的适用条件根本上决定了规范推理的非单调性，我们只需要构建一个动态的形式框架即可将整个的规范推理形式刻画为一个可判定的过程。这就是我们下面要做的工作。

四、自适应道义逻辑 ALDPM

我们将以标准格式的自适应逻辑 SAL 作为构建新系统的基础。自适应逻辑（Adaptive Logic，简称 AL）并不是通常意义上的逻辑系统，而是一个形式化的证明框架。如其名称所表明的，自适应逻辑的主要特点是它能够灵活地适应具体的前提集合，根据特定的正常标准"尽可能正常地"解释前提集合，为被解释的推理过程界定一种后承关系。其动态证明使其成为刻画可废止推理的一个有效的工具。它通过展示内部的动态过程和可能的外部动态过程阐明推理。外部动态过程揭示推理的非单调性关系：如果增加了新的前提或者旧的前提发生了改变，原来推出的结论可能不再成立。形式刻画就是：对于 Γ，Δ 和 A，满足条件 $\Gamma \vdash A$，$\Gamma \cup \Delta \nvdash A$。内部动态过程刻画一个证明（推理步骤的序列）：随着对前提的认识不断增加，先前得出的结论可能被收回，而先前被收回的结论也可能被重新认为是可推出的。

在过去的十几年里，尤其是在那些与科学哲学和其他哲学有密切联系的逻辑学家的影响下，自适应逻辑得到了迅速的发展，探讨了越来越多的领域，构建了不同形式的自适应逻辑系统，有些刻画经典逻辑，有些刻画真值逻辑，有些刻画多模态逻辑，并且具有不同的性质。其适用的语境也多种多样：处理不一致性，归纳概括（inductive generalization），溯因推理（abduction），似真推理（plausible inference），对主体在论辩过程中立场改变的解释，不相容性等。这些逻辑都有一个共同的结构，基于该结构可以构建所有这些逻辑的证明论、语义论等，为此，Diderik Batens 在 2007 年构建了一个标准格式的自适应逻辑（standard format adaptive logics，简称 SAL）。[1] 一个标准格式的自适应逻辑具有所有重要的元理论特征，如可靠性、完全性等。

一个标准格式的自适应逻辑 AL 由下面三部分构成。

（1）一个下限逻辑（Lower Limit Logic，简称 LLL）：一个具有自反性、传递性，单调性和紧致性的逻辑[2]，它具有一个典型的语义（不包含不足道的模型）并且包含经典逻辑 CL。

（2）一个异常集合 Ω：一个由（可能受约束的）逻辑形式 F 刻画

[1] Diderik Batens. A Universal Logic Approach to Adaptive Logics. Logica Universalis，2007，1：221－242.

[2] 一个逻辑 L 是自反的，当且仅当 $\Gamma \subseteq_{Cn} L$（Γ）；L 是单调的，当且仅当 Cn_L（Γ）$\subseteq$ Cn_L（$\Gamma \cup \Gamma'$）；L 是传递的，当且仅当，如果 $\Gamma' \subseteq Cn_L$（Γ），那么，Cn_L（Γ'）$\subseteq Cn_L$（Γ）；L 是紧致的，当且仅当，如果 $A \in Cn_L$（Γ），那么存在一个有限的 $\Gamma' \subseteq \Gamma$，且 $A \in Cn_L$（Γ'）。

的公式的集合，它是 LLL-待定的，并且至少包含一个逻辑符号。

（3）一个自适应策略：标准格式的下限逻辑 LLL 包含经典逻辑 CL，其语言可以根据需要增加更多的新的联结词，构成一个扩展语言，但是都将给出它们的 CL 意义。

自适应逻辑的典型方法是通过在前提集合所允许的条件下假定 Ω 的元素尽可能多地为假的方法扩展 LLL-后承集合。如果刻画异常集合的逻辑形式 F 是 LLL-所能确定的，那么，或者$\vdash_{LLL}F$ 或者$\vdash_{LLL}\neg F$。对于前一种情形，Ω 的元素没有一个可能是假的；而对于后一种情形，Ω 的所有元素都会导致 LLL 不足道。

表达式 Dab（Δ）中 Δ 是指 Ω 的一个有限子集，Dab（Δ）表示 Δ 的元素的经典析取，其中的析取式可能按照某个顺序排列，也可能不存在这种顺序，不论以何种方式，所有这些析取式都被认为是逻辑等值的。如果 Δ 是一个单元集，Dab（Δ）就是一个异常（Ω 的一个元素），并且不存在经典的析取。如果 Δ = ø，Dab（Δ）就是一个空字符串并且 A ∨ Dab（Δ）为 A。

对于自适应策略的需要可以作如下理解：对于某个前提集合 Γ 和一个下限逻辑 LLL，因为有些 Δ 不是单元集，则$\Gamma\vdash_{LLL}$Dab（Δ），这个策略就是在这种情况下确定以何种方式“尽可能正常地”解释前提。我们将仅考虑极小异常策略（Minimal Abnormality Strategy），其他异常策略还包括可靠性策略（Reliable Strategy）等。

下限逻辑 LLL 与异常集合 Ω 共同地确定一个所谓的上限逻辑（Upper Limit Logic，简称 ULL）。ULL 的语法结构通过增加一个加入异常就会导致不足道的公理（或者规则）构成。大致说来，上限逻辑 ULL 很像下限逻辑 LLL，除了它将异常不足道化。

1. ALDPM 的基本思想

规范推理具有静态和动态的双重面孔，一方面基于特定的语境，我们可以根据特定的规范前提演绎推出特定的结论，另一方面又可能存在渎职义务、例外义务和道义困境，从而导致一些常态情况下有效的道义原则不再有效。现有的道义逻辑研究文献往往只能形式刻画规范推理的静态结构，通过使某些道义原则恒定有效或无效构建不同强度的逻辑系统，从而导致不同类型的道义悖论。第三章讨论的几种优先可废止道义逻辑虽然能够刻画规范推理的这种非单调性特征，但由于优先关系的复杂性而导致所构建的道义逻辑表达能力有很大的局限性，其严格的优先关系性质如连通性的假定也太强。其他一些刻画这种动态性的逻辑理论，如 Prakken 等人构建的道义论辩框架、Lou Goble 构建的 DPM 系统等虽然能够表达规范推理的这种特性，但又需要用户自主地加入相应的前提，并不是严格意义上的形式系统。因此，我们认为有必要引入一种新的逻辑机制，一方面能够尽可能正常地适用相关道义原则，另一方面又能够灵活地处理渎职义务、例外义务和道义困境的异常情况。构建自适应道义逻辑 ALDPM 就是这样一个尝试。

其基本思路是将道义困境 $OA \wedge O\neg A$ 定义为一个异常，当不存在该异常时，我们可以径直适用 SDL 的各原则，而在证明过程中推出道义困境时，则将导致道义困境的证明行加上标记，从而使对道义困境的确认成为证明过程的一部分。

2. ALDPM 的形式系统

定义 1　ALDPM 的逻辑框架

ALDPM 是一个由下面三部分构成的三元组 < DPM，Ω，极小异常策略 >：

（1）DPM 表示 ALDPM 的下限逻辑。

（2）异常集合为：$\Omega = \{OA \wedge O\neg A \mid A \in W\}$（W 是$£_{PC}$的所有合式公式集合）。

（3）自适应策略为：极小异常策略。

通过自适应逻辑可以实现对其下限逻辑的强化。因为我们的兴趣在于对前提集合的解释是尽可能不存在冲突，我们的极小要求就是能够容纳冲突。

自适应策略加上异常集合能够确定如何尽可能正常地解释前提集合。其关键特征是它能够使一些规则被有条件地适用，如遗传原则 RM 或道义一致性原则 D 等。因为 DPM 的目的在于避免道义爆炸，因此只能选择一个受到限制的 RRM 规则。注意，下面的表达在 DPM 中是有效的：

如果 $\vdash_{DPM} A \rightarrow B$，那么，$OA \vdash_{DPM} OB \vee (OA \wedge O\neg A)$，

该限制的基本思想是如果不存在关于 OA 的道义冲突，那么遗传规则可适用于 OA。在自适应逻辑中的做法是：在 $\{OA \wedge O\neg A\}$ 的条

件下，遗传规则适用于 OA。这就是说，在不存在理由假设存在一个关于 OA 的道义困境的条件下，遗传规则适用于 OA。此外，也可以对道义一致性原则 D 有条件地适用。从而使得下列表达式有效：

$OA \vdash_{DPMP} PA \vee (OA \wedge O\neg A)$,

即通过通用规则 RC 在条件 $\{OA \wedge O\neg A\}$ 下根据 OA 推出 PA。据此，我们可以更清楚地看到 Lou Goble 将 RM：如果$\vdash(A\rightarrow B)$，则限制为 RPM；如果$\vdash A\rightarrow B$，那么$\vdash PA\rightarrow(OA\rightarrow OB)$的实质就在于将 RM 的适用限制在无道义困境的条件下，所以，我们将异常定义为道义冲突：$OA \wedge O\neg A$。我们用 Ω 表示所有异常的集合。

需要注意的是，基于以上定义的严格限制，我们可以将其他的道义原则的适用也限制在该条件下，如对聚合原则的适用，限于本书讨论的主题，对这个结果我们不作详细讨论，但下面例子的分析将证明这一思想的推广对于灵活地处理规范推理是非常必要的。

在语义方面，极小异常策略通过选择一个给定的前提集合 Γ 的特定的 DPM 模型集合而实现，我们把这些模型称为极小异常模型。模型的选择要相对于它们异常的部分，因此，首先要定义 ALDPM 的异常模型：

定义 2　ALDPM 的异常模型

令 M 表示一个 DPM 模型，$Ab(M)=\{A\in\Omega \mid M\models A\}$。

对于给定的逻辑，我们用 M_{DPM}（Γ）表示满足 Γ 的所有元素的 DPM－模型，用 M_{ALDPM}（Γ）表示满足 Γ 的所有元素的 ALDPM－模型。

定义 3　ALDPM 的极小异常模型

一个 DPM 模型 $M\in M_{DPM}$（Γ）是一个极小异常模型，当且仅当，不存在一个满足条件 Ab（M′）⊂Ab（M）的 DPM 模型 $M'\in M_{DPM}$（Γ）。

定义 4　ALDPM 的语义后承

$\Gamma \Vdash_{ADPM} A$（A 是 Γ 的一个 ADPM 语义后承），当且仅当，A 被所有的 $M\in M_{ALDPM}$（Γ）所证明。

因此，所有被选择的模型满足条件：它们使一个冲突的极小模型有效。这正是我们所主张的自适应逻辑尽可能无冲突地解释前提。

因为 ALDPM 是一个标准格式的自适应逻辑，其他一些定义如基于极小异常策略的标记、通用规则等同第四章第四节的相关定义，在此不作赘述。

3. ALDPM 的一些重要定理

定理 1　ALDPM 具有可靠性和完全性

当 $\Gamma \subseteq W$ 时，$\Gamma \vdash_{ADPM} A$，当且仅当，$\Gamma \vdash_{ADPM} A$。

证明：根据 SAL 定理 9 直接可证。

定理 2　ALDPM 不会使 DEX，DEX－1，DEX－2 有效

证明：

令 W 为一个可能世界的集合，S 为 $\pounds_{PC}$ 的语句字符（原子命题及其否定）的集合，根据 DPM 的语义，$W=\wp(S)$，$v: S \rightarrow \wp(W)$，$p_i \rightarrow \{w \in W \mid p_i \in w\}$，$p_1$，$p_2 \in S$。定义一个框架 $F=\langle W, \mathcal{O} \rangle$，对于所有 $w \in W$，$\mathcal{O}_w=\{W' \mid W' \supseteq v(p_1)\} \cup \{\emptyset\}$。假设 F 是一个 DPM 框架。令 $M=\langle F, v, w \rangle$，w 为 W 中的任意可能世界。$M \models Op_1$，OT，$O\bot$，$Pp_2$，且 $M \not\models Op_2$。因此，M 是 DEX 及其变体的一个反例的模型。同样，M 是 $\{OT, O\bot\}$ 的一个极小异常模型（同样也是 $\{OT, O\bot, Pp_2\}$ 和 $\{OT, O\bot, Pp_1, Pp_2\}$ 的一个极小异常模型），因此，$Ab(M)=\{OA \wedge O\neg A \mid A \leftrightarrow T\}$，且 $\{OT, O\bot\} \vdash_{DPM} A$，其中 $A \in Ab(M)$。

推论 1　ALDPM 满足标准＊

这说明该系统满足了容纳道义困境的道义逻辑的充分性的标准＊。

每一个自适应逻辑除了有一个下限逻辑之外，还有一个上限逻辑，它是一个将异常不足道化的 DPM 的强化逻辑 UDPM。其定义为：

定义 5　ALDPM 的上限逻辑 UDPM

$\Gamma \vdash_{UDPM} A$，当且仅当，$\Gamma \cup \{\neg B \mid B \in \Omega\} \vdash_{DPM} A$。

以下定理证明 ALDPM 的上限逻辑 UDPM 是 SDL。

定理 3　对于一个 UDPM－一致前提集合 Γ，ADPM 与 UDPM 具有同样的后承集合。

证明：根据定理 1.2 直接可证。根据对 $\Omega=\{OA \wedge O\neg A \mid A \in W\}$ 的定义，则相对于上限逻辑 UDPM 具有一致性的前提集合被称为“正常的”前提集合。如果 Γ 是正常的，则 U（Γ）$=\emptyset$，并且只有 Γ 的 UDPM－模型是极小异常的。则：$M_\Gamma^{UDPM}=M_\Gamma^{ALDPM}=M_\Gamma^{DPM}$，

根据我们对异常集合 $\Omega = \{OA \wedge O\neg A \mid A \in W\}$ 的界定，加入 D 原则意味着不再将 $OA \wedge O\neg A$ 视为异常，则即使在前提集合中加入 $OA \wedge O\neg A$ 对于 UDPM 也是一致的，所以有以下推论：

推论 2　增加 D 原则到 ALDPM 的下限逻辑中作为一个公理构成的逻辑等价于 SDL。

推论 3　ALDPM 满足标准 ** 。

这说明该系统满足了容纳道义困境的道义逻辑的充分性的标准 ** 。

假设 OA 是一个前提。一个自适应证明的片段如下：

我们已经给出了自适应逻辑的基本思想。为了做到对一个给定的前提集合尽可能地解释为是无冲突的，我们将异常定义为道义冲突，$\Omega = \{OA \wedge O\neg A \mid A \in W\}$。从而使可以根据通用规则 RC 在条件 $\{OA \wedge O\neg A\}$ 下对 OA 适用原则遗传原则。

4. ALDPM 对相关道义悖论的处理

例 2　救生员的困境

假设双胞胎兄弟 a 和 b 都溺水了，作为救生员的你有义务抢救他们中的任何一人，即 Oa 并且 Ob。但是，鉴于时间的急迫性，你只能救出他们中的一人。那么，你应当怎么做呢？其证明过程如下：（我们用 $\{!A\}$ 表示 $OA \wedge O\neg A$）

(1)	Oa	PREM	ø
(2)	Ob	PREM	ø
(3)	$Pa \vee Pb$	PREM	ø
(4)	$O(a \vee b)$	1；RC	{! a}
(5)	$O(a \vee b)$	2；RC	{! b}
(6)	$(!a \vee !b)$	1；RC	ø

注意：在 DPM 中，能够根据（1）、（2）推出（6）。但是，根据极小异常策略无需加上标记。很显然，应当抢救 a 或者 b，即 $O(a \vee b)$ 是我们构建的逻辑的一个所欲的结论。

例 3　斯密斯不服兵役的推理（续例 1）

基于前提集合 $S = \{O(F \vee S), O\neg F\}$，我们希望得出符合直观的结论 OS。Lou Goble 把斯密斯不服兵役而是做公务员是被允许的作为一个隐含的前提，即二者是被允许或者不被禁止的 P（¬F∧S）加入到前提集合中，从而将产生主体判断的依赖性。下面看该例在 ALDPM 中的分析：

（1）O(F∨S)；	PREM	ø
（2）O¬F；	PREM	ø
（3）O((F∨S)∧¬F)；	RC	{！O(F∨S)，！O¬F}
（4）OS.	RU	(3)

注意，我们在第（3）行用到的是一致性聚合原则 PAND，但因为在根据前提集合并没有推出该异常，所以无需标记。据此可以推出所欲的结论。

例 4　萨特悖论与公民义务

现在我们考虑萨特所描述的他的学生所面对的道义困境的例子。一方面，他有义务照顾他生病的母亲（OM），另一方面他有义务参加反抗纳粹侵略的抵抗组织（OF）。因为在 DPM 中缺乏真势模态，所以我们必须确定一种方法刻画两个义务不能同被实现的事实。我们用 O¬(M∧F）表达。我们增加一个与这两个义务无关的前提：公民应当缴税并投票（O(T∧V)）。

我们用 ALDPM 对该例的分析如下：

（1）OM	PREM	ø	
（2）OF	PREM	ø	
（3）O¬(M∧F)	PREM	ø	
（4）O(T∧V)	PREM	ø	
（5）OT	4；RC	{！(T∧V)}	
（6）O¬(M∧F)	1，2；RC	{！M，！F}	√
（7）！(M∧F）∨！M∨！F	1，2，3；RU	ø	
（8）O(M∨F)	1；RC	{！M}	
（9）O(M∨F)	2；RC	{！F}	

正如我们在前面所提到的，我们希望 SDL 的所有规则都可以在不存在规范冲突如 O(T∧V）时得到无条件的适用。事实上，在引入了第（1）至（4）行的前提后，对 O(T∧V）适用遗传规则以推出 OT，即他应当纳税。此外，在第（6）行对 OM 和 OF 适用聚合原则被标

记。这一点是符合 PAND 要求不能存在单独的义务相冲突的要求的，即它不能被适用于存在冲突的义务。

五、结论

以上分析表明自适应逻辑对于处理道义困境推理的灵活性，它通过将导致道义爆炸、道义悖论的不一致前提定义为异常，通过对道义原则的适用条件使其能够得到尽可能的应用。其动态的证明过程非常直观地刻画了实际的规范推理过程。随着新的前提的增加和认识，证明中的某个或某些证明行将被加上标记，从而被证明的公式变得不再被证明，也可能原来被标记的证明行因为证明的延续而被撤销标记。被标记的证明行中的公式因为其条件被违反从而证明是不可推出的；那些没有被标记的证明行中公式因为其条件是可靠的所以可以最终被推出。以上过程表明该系统可以处理推理的可废止特性。

需要指出的是现有运用自适应逻辑的工具分析规范推理的成果主要有 Christian Straβer、Joke Meheus 等所作的研究。[1] 而本书的分析表明这种对某个原则予以限制的方法并不足以体现自适应逻辑的这种灵活性。我们的观点是针对不同的规范推理模式，确定其相应的异常集合，从而能够更有效地定义规范推理的后承关系。这将是我们进一步研究的主要工作。

[1] Christian Straβer, An Adaptive Logic Framework for Conditional Obligations and Deontic Dilemmas. Presented at the WCP4, Melbourne, 2008. Christian Straβer and Joke Meheus, Adaptive Versions of the Deontic Logics DPM. Presented at CLMPS 2007, Beijing.

第四章　法律修辞与逻辑

法律裁决的作出是逻辑演绎的必然结果，还是一种修辞表达，甚至仅仅是维系其神圣性的一种神秘包装[1]，这不只是一个理论问题，而是涉及现实中如何衡量司法职能部门的能动与保守、如何表达对法律的忠诚和信仰、乃至于法治是否可能的根本问题。古典法律思想认为，法律是一个界限严格、体系完整的封闭体系，每一法律概念都有其明确的内涵和外延，每一法律规则都有其明确的适用对象，而法律推理就是逻辑的演绎，把相应的法律规则适用于个别具体案件，便能得出正确的判决。法院的职责便是找出有关的法律规则，予以宣布，并机械性地应用到案件。又因为法律体系是完备的，所以就每个案件来说，法院都能找到一个唯一的正确解决方法。然而，后来的批评者们认为这不过是一个形式主义的神话。法律是一个开放的体系，每一个案件相对于抽象的法律规定都具有更加丰富、具体的属性，法院在作出司法裁决的过程中，其实并不受到所谓法律规则的严格制约。又因为法律规则有着高度的不确定性，法官可以随意解释有关规则、制造例外情况或在适用规则时作出变通，从而得到他希望作出的结论。为增强其作出的结论的说服力，他需要借助于其他的一些因素，如社会政策、价值评价、天理人情等，因此，法律裁决的作出不是逻辑演绎的必然结果，而是一种修辞表达。然而，这些理论的危险性在

---

[1] "司法慎思之隐秘性是职业神秘化的一个例子。像法律和医学这些职业，外人很难理解和评估它们提供的关键服务。职业人喜欢这样，因为这有助于维系他们的特权地位。但他们知道，这必须克服外行人的不信任；因此，他们开发了一种神秘，不仅夸大职业的技能，而且夸大该职业的非私利。……他们用深奥的材料和技巧无私地建造了一座不为任性、政治或无知玷污的交易大厦。"［美］理查德·A. 波斯纳：《法官如何思考》，苏力译，中国政法大学出版社 2009 年版，第 3 页。

于当法律思维摆脱了逻辑规则的约束，当法律裁判存在多个相互竞争的结论，并且每一个结论都不具有逻辑的必然性时，它的理性约束力量又来自哪里？尤其是对于涉及生命财产权益之争的法律领域，说服的力量到底会产生多大的效力？如此诸多的问题说明简单地把逻辑与修辞对立起来，单纯的逻辑与修辞都不足以支撑起法律思维的复杂体系。

在相关文献中，通常把修辞与逻辑对立起来。这种情况根据各自立场的不同又可分为三种观点：第一种是以亚里士多德修辞理论为代表的修辞与逻辑并重却又认为二者性质和应用场域不同的观点。第二种是笛卡尔等人所主张的扬逻辑抑修辞的理性主义观点。第三种是以佩雷尔曼新修辞学理论为代表的批判逻辑倡导修辞的新修辞学观点。这三种观点也许代表了修辞理论兴起、衰落、复兴的三个阶段。我们认为这些观点都着力于修辞与逻辑的不同和对立，很少论及二者如何统一于论证过程，而在法律领域尤其需要这种统一。本书试图通过对法律推理过程及其特点的分析，论证修辞与逻辑的统一性，即逻辑也是修辞，是最具说服力的一种修辞；修辞也是逻辑，是在无法直接进行演绎推理时所备选的逻辑。逻辑与修辞统一于法律推理过程，目的都在于提高法律推理结论的可接受性。

一、证明推理、论辩推理与修辞

能够证明修辞与逻辑具有密切关系的一个简单事实是，二者都把亚里士多德作为其学科的重要创始人之一。基于推理模式的不同，亚里士多德把推理分为以下四种形式：(a) 当推理借以出发的前提为真实而原始，或者当我们对它们的知识来自原始而真实的前提时，它是一种“证明”。(b) 如果推理从被普遍地接受的意见出发，它是论辩的。(c) 如果推理从似乎是被普遍接受而实在并非如此的意见出发，或者它仅仅似乎是从普遍被接受或似乎普遍被接受的意见出发，进行推理，它就是“可能引起争论的”。因为并非一切似乎被普遍接受的意见都真正被普遍地接受。(d) 还有一种是从属于特殊科学的前提出发的错误推理。❶ 对于（a）类的证明推理而言，因为其推理前提为真，并足以确定得出的结论也为真，因此这类推理的逻辑基础是演绎逻辑。而对于（b）类论辩推理而言，其前提只是被普遍接受的意见，可能存在争议或例外，因此这类推理是或然性推理。而或然性推理恰恰就是亚里士多德关于修辞术的基本论证模式。

这里出现的证明推理与论辩推理的区分表面上似乎看不到修辞与逻辑的影子。这也许是因为在亚里士多德看来，逻辑与修辞本身不属于同一个层面，逻辑是推理所应遵守的基本规则体系，属于理论层面。而修辞是演说、论辩过程中的方法和技巧，是包括多种方法在内的具体应用。只不过后来这些概念的内涵和外延不断地发生变化，甚至因为某种论题外的原因而相互替代。❷ 例如，佩雷尔曼所讲的新修辞学本意也是关于论辩推理的，只不过在近代关于论辩推理的辩证法与黑格尔等人的辩证法理论容易产生混淆，并且黑格尔的辩证法在西方哲

---

❶ 在亚里士多德看来，上述（b）和（c）两种可能引起争论的推理当中，（b）才是真正值得称为“推理”，而（c）只能称为“可能引起争论的推理”，而不能称为“推理”。因为其谬误性很明显，甚至理解力很差的人也能看出来。在上述四种推理中，除去（d），以及代表着说理的辩论已经堕落成为言辞上的争执甚至是充满敌意的吵架的（c），真正有价值的只剩下证明的推理（a）和论辩推理（b）。晋荣东：《逻辑何为——中国逻辑的现代性反思》，上海古籍出版社 2005 年，第 304 页。

❷ 我们认为存在两种不同的修辞定位，一是作为言语论辩技巧的语言修辞，二是作为论证模式为结论的可接受性提供说服力的论证修辞。前者讲究语言的修饰，以达到情感上的煽动、言说的征服。这与法治的和平理性所追求的简洁、平实、严谨的论说风格相背离，人们甚至担忧过分地强调法庭论辩等场合的修辞技巧有可能造成法律的不公正，所以，对于这种意义上的修辞，虽然不能忽视其重要意义，但往往带有戒备、批判的意味，后文我们也将论述语言修辞为什么，以及如何予以限制和规范。后者是以佩雷尔曼的新修辞学为代表的论证的一种基本形式，他们通过对传统所认为的论证的基本形式——演绎推理的局限性的批判，强调言词论辩在法律论证的重要作用。在他们看来，可接受性是评判论证的根本标准之一，而要达到该标准的要求修辞方法的应用不可缺少。由于对修辞的内涵、外延的界定不同，因此，事实上大家讨论的往往不是同一个论题，虽然都使用了同一个术语。因此，在谈论任何关于修辞学的论题之前，起码在容易产生混淆的语境下，都必须对所言谈的是哪一类修辞作出明确的界定。本书采用的是后一种定位。

逻辑也是一个应用广泛而容易产生歧义的概念。这里的逻辑是指关于形式推理有效性的理论，即根据相关前提必然推出相应结论的理论，即仅限于必然性推理，主要指演绎推理。就推理性质而言，它与包括类比推理、假说推理、合情推理等或然推理相对。就推理内容而言，它依据的是前提与结论之间的形式联系，从而与依据前提与结论之间实质联系的实质推理相对。但需要指出的是，这里的逻辑并非是指基于人工符号语言的公理化形式系统，关于法律形式推理的定义见后文。

学中具有了相对固定的含义（尽管把亚里士多德所讲的论辩推理称为辩证推理也许更恰当一些，但普遍的做法仍然是采用论辩推理的说法）。另外，基于我们对修辞和逻辑的定义，修辞与逻辑都是关于依据特定的理由和根据得出相应结论的方法，其核心概念都是推理。还有一点也许放大了修辞与逻辑的差异，即修辞往往与言语表达相关，关注的是表达的言语结构和形式，而逻辑仅仅把语言作为其载体，关注的是思维的结构与形式。但这仅仅是表面上的理解，就其实质而言，修辞与逻辑目的都在于通过推理而实现观点的说服，证明推理是逻辑的研究核心自无需多言，我们认为论辩推理应当是修辞的核心，这一点是我们论证的基础和前提。

亚里士多德对修辞术所下的定义是："一种能在任何一个问题找出可能的说服方式的功能。"所谓的"任何一个问题"，是指修辞术是用来论证一般事理的，具有普遍的方法论意义，即从中寻找出一些基本形式和法则，那么它就必然具有一定的理论抽象性，论述的是修辞术的一般形式结构，而非针对某个论题、某个领域的具体的修辞方法。"没有一种艺术着眼于个别的事物，例如艺术不研究苏格拉底的健康问题，而研究这一类人或哪一类人的健康问题，这个问题属于艺术的范围，至于个别的人则是数不清的，不是科学的对象。修辞术也不讨论个别的人如苏格拉底会做的事，而讨论某一类人会做的事。"而所谓的"说服方式"是指"言之成理、合乎逻辑的论证方式"。

亚里士多德所讲的修辞术实质上具有证明推理和论辩推理的双重性格，一方面从其形式上看，"修辞术是论辩术的对应物，因为二者都论证那种在一定程度上是人人都能认识的事例，而且都不属于任何一种科学。人人都使用这两种艺术，因为人人都企图批评一个论点或者支持一个论点，为自己辩护或者控告别人"。所谓的对应物是指相似而又不同的两类对象，事实上亚里士多德所做的区分主要在于修辞术是叙述形式的，而论辩是对话形式的，如果忽略这种表达形式的不同，修辞术与论辩术皆可理解为与证明推理相对应的论证方法，其区别是证明推理是必然推理，而修辞术与论辩术是或然推理。"修辞术和论辩术一样，采用归纳法以及真正的和假冒的三段论法来提出真正的和假冒的论证，因为例证法是一种归纳法，修辞式推论是一种三段论法。"在这里很多方法仅仅是在不同语境中名称不同而已，如"用许多类似的事例来证明，在论辩术中叫做‘归纳法’，在修辞术中叫做‘例证法’。如果有了某些命题，由这些普遍被认为或多半被认为是真实可靠的命题推出另一个与它们并列的命题来，这个方法在论辩术中叫做‘三段论法’，在修辞术中叫做‘恩梯墨玛’”。

另一方面，从其结果来看，修辞术要实现的效果是“证明”。或然式证明是一种“证明”（这里的证明指必然性证明，很显然这样的表达看起来有些矛盾，所以，在“证明”一词之上打了引号，意思是虽然不是证明，但可以达到证明的强度或效果），因为在我们设想事理已经得到证明的时候，我们就完全信以为真。修辞式“证明”就是“修辞式推论”，一般来说，这是最有效力的或然式证明，因为修辞式推论是一种三段论法，而且整个论辩术或一部分论辩术的功能在于研究各种三段论法，所以，很明显，一个善于研究三段论法题材和形式的人，一旦熟悉了修辞式推论所运用的题材和修辞式推论与逻辑推论的区别，就能成为修辞式推论的专家。

因此，从某个意义上说，修辞术也是证明的对应物，但因为缺乏了必然性的约束，所以要比逻辑证明的外延宽泛得多。需要注意的是，尽管亚里士多德也把情感论证、人格论证都归结为修辞术的范围，但他显然对于这些论证方式有自己的限定，即“我们应当根据事实进行论战，除了证明事实如此之外，其余的活动都是多余的”。所以，他对修辞术的范围作出了以下限定：第一，排除先验的诉诸情感论证。亚里士多德一方面对当时流行的所谓的“智者”教人诉讼演讲的情感论证进行批评，而自己却又畅谈情感论证，有学者似乎认为这是亚里士多德自相矛盾，实质上是没有看到两种情感论证的本质区别。“只有或然式证明才属于修辞术范围，其他一切都是附属的。然而这些编纂者们却从来不谈作为或然式证明的躯干的修辞式推论；他们只注意题外的东西。敌视、怜悯、愤怒以及诸如此类的情感激发与事情本身无关，其目的在于影响陪审员的心理。不应当影响陪审员的情感，使他们发怒、忌妒或发生怜悯的心理。诉讼当事人只应证明事情是这样的或不是这样的，是发生了或没有发生；至于事情是大是小，正当不正当，凡是立法者所没有规定的，都应有陪审员来断定，而不是由诉讼当事人来指导他们。”但并非所有的或然式证明都属于修辞术。有的或然式证明不属于艺术本身，有的或然式证明属于艺术本身。所谓

“不属于艺术本身的或然式证明”，指不是由我们提供的，而是现成的或然式证明，如见证、拷问、契约；所谓“属于艺术本身的或然式证明”，指所有能由法则和我们的能力提供的或然式证明。因此，演说者要能做逻辑推论，要能分析人的性格和美德，还要能分析人的情感以及产生的情感的原因和方式。“所以修辞术实际上是论辩术的分支，也是伦理学的分支。”

二、修辞的局限与不足

那些倡言修辞的学者多为修辞学在近代的衰落痛心疾首，并把这种衰落归因于近代形式理性主义对修辞的错误的批判和打压[1]，而很少反思修辞学自身的缺陷和不足。

从修辞学的发展来看，修辞学自产生之日起，就受到一些有力的批判。

第一，修辞术可能被滥用。例如，柏拉图认为，倡言修辞的“高尔基亚等人的目的和方法都是错误的，因为他们不顾真理与正义，只图把事情说的‘似真’，自圆其说，其实是混淆黑白颠倒是非，用巧妙的言辞颠倒是非。”“修辞学并不是一种艺术，而是一种谄媚的手段，卑鄙的技巧，只能说服没有知识的听众。”尽管亚里士多德并不认同这种观点，认为“修辞术是有用的。真理和正义比它们的对立面强一些，所以，如果判决不当，当事人应当对自己的失败负责，受到责备。”“这些东西使用得当，大有好处，使用不当，大有害处。”（大概修辞术同体力、健康、财富等一样，仅仅属于可以发挥效力的工具，本身无所谓好坏之分……之所以有所谓的好坏，仅仅在于使用者的目的和意图）。即“造成‘诡辩者’的不是他的能力，而是他的意图”。然而，如果真理和正义真的比它们的对立面更强一些的话，那么，通过平白、精确、严谨的语言也可得到有效的表达（也许有人说，这也是一种修辞）。事实上，恰恰是那些与真理、正义相对的虚假和邪恶更需要借助修辞的技巧，以实现混淆黑白、颠倒是非的目的。尽管工具本身无倾向性，但使用工具的人有倾向性，如海洛因也可以被用来

---

[1] Stephan Toulmin, the Uses of Argument, Combrige University Press; Chaim Perelman. The New Rhetoric and the Humanities. London: D. Reidel Publishing Company, 1979.

医治某些疾病，但其可能被滥用且毒害巨大的属性决定了通常把它作为毒品而非医药。

第二，修辞术与真、正当性、合理性等没有必然的联系。如前所述，修辞是应用或然推理进行的论证，这是它与作为必然性推理的逻辑关键的差别，从而也就决定了其得出的结论不但有强度、伦理的差别，还容易导致证明标准的相对主义。“它可以让真理听起来就像真理，但是它也可能让虚假听起来像是真理，并诱发错误的信仰，并且，它还可能让真理听起来像是虚假，并因此诱发一种错误的不信。即使当它没有虚假（尽管常常不是这种情况），修辞还是趋向于改变（或确认）信仰，而无论这个信仰的真假。”它不是基于普遍接受的真的前提和有效的推理程序得出一个必然真的命题，从而使其判定标准具有自明性、客观性、确定性。修辞的目的在于说服，他所强调的是“主体间性”“合意性”，其结论的可接受性不仅因人而异，而且其信服程度也各不相同。当然，佩雷尔曼等并不认可这种逻辑标准的自明性、客观性和确定性，认为它不但无法适用于法律领域，甚至会带来一些消极的影响，“就将由于所面对的显然是使人不得不从的真理而中断自己就是否接受论点进行思考，论辩过程也就不再发挥作用。受众成员作为个人虽然有思考和选择的自由，却屈从于理性施加的强制性限制，听任理性剥夺了他［对论辩］可能抱有的一切疑问。”然而，合意性真的能够成为一只魔笛，用这只魔笛真的就可以把握真理和正义的答案吗？我们不无担心如果这种以修辞为手段达至的可接受性真的成为真和正当性的标准，那么，修辞学真的就会走向其所反对的形式主义对立面，就必须“承认形式上正确的合意（如合宪颁布的可耻的法律），其本身就不能够错误、恶意和不公正（想象的出路，即仅仅是所有人的合意才有产生真理的力量，实际上是毫无用处的，因为这样一种全面的合意并不存在，而且也不会存在）”。“修辞属于影子的世界（一个柏拉图主义者会这么看），是一个近似的、概率的、看法的以及最好也不过是有保证之信念的世界，是一个说话的世界，而不是一个有明晰的远见卓识和终极真理的世界。”总之，不是人们蓄意地以理性主义打压修辞，而是因为它无法从根本上满足人们追求真和正当性的需求，在强调修辞的重要作用时，还必须看到它仅仅是逻辑、经验不到场时的候补角色。

第三，尽管修辞可以使较弱的观点变得更加有力，但因为其作为论证的方法自身存在说服强度不够且可能存在被滥用的可能，所以，反而因人们对其抱有怀疑和警惕的态度使说服的成本有所增加。有一种奇怪的观点认为，人们都有一种倾向，总是自觉或不自觉地维护“自主地位”，不愿意受到别人的干涉和控制，费斯廷格的实验指出，当对象觉察到外界是有意要说服自己时，往往会产生心理上的准备，从而警觉起来，对引导进行挑剔。听众只有在不觉得修辞者是在耍弄技巧、诱使他们作出一个可疑的决定时，才有可能真正被说服。由此，“自我韬晦”被认为是一种重要的修辞策略。“修辞只有在不被看成是修辞时才能真正发挥其效力。”之所以说其奇怪，在于它对人们心理状态的先验假设，以及“最好的修辞就是不用修辞”的结论。根据论辩的真诚性原则，言说者对于所提出的每一个命题都是一个真诚的承诺，即信其为真。如果反方不对正方的命题提出质疑和反驳，就等于接受了该命题的真。如果反方提出质疑和反驳，正方必须对其命题予以进一步的辩护。如果反方接受了对方的辩护，则表明辩护成功，即接受该命题为真；否则就继续提出质疑，正方仍需进一步辩护。如此循环往复，直到所有相关的真命题都被接受，假命题被排除。至于说到论辩中的心理情感问题，虽然它是影响观点能否被接受的一个重要因素，但这里的心理情感乃是听众基于言说者的言辞所产生的反应，并非某种先入之见。亚里士多德曾将由演说提供的或然式证明分三种。“第一种是由演说者的性格造成的，第二种是由听者处于某种心情而造成的，第三种是由演说本身有所证明或似乎有所证明而造成的。”需要注意的是，亚里士多德所说的性格证明和心情证明，并非“源于听者对演说者的性格预先有的认识，而是由演说本身引起，是因为演说者的话令人相信，因此，相信他是一个好人，而我们又总是在任何事情上一般都更相信好人，进而对那些不精确的、可疑的演说，也完全相信”。这完全可以表达为一个类比推理，首先通过演说者所讲的话，归纳推出他是一个好人，而好人的话是可信的，进而演绎推断即使有些话可能会令人产生怀疑，但因为他是一个好人，所以我们也缺省地相信这些话也是对的。而“修辞只有在不被看成是修辞时才能真正发挥其效力”的观点听起来就像一个悖论，我们可以进一步追问，如果修辞的目的在于真诚的说服，为什么怕被人们识破？人们警惕的不是真诚的说服，而是怕被欺骗。所以，将修辞学的坏名声归结为人们的心理，是颠倒了事情的因果。而这样一个果又直接影响了修辞学的功能的发挥。波斯纳对于修辞学在现代衰落的原因曾做过中肯的经济分析："听众吸收信息的成本越高，言者就越依赖那些对听众吸收能力要求不很高的说服形式，因此使成本最小化。"而修辞之所以存在应用的市场，就在于它能够提供使成本最小化的模式。"对一个听众来说，理解一位科学家有名要比了解其理论细节更为容易，因此，我们可以预期科学家在对外行听众说话时会费很大力气来确立自己的名声。代议民主，而不是直接民主，部分原因就在于看到了，对于投票者来说，判断一个政客是否称职和正直要比评价他们相互竞争的政策建议更为廉价。"然而，有两个因素限制了修辞的发展。一是法律和政治生活中对抗制的建立。"想到他人可能反驳，这就会震慑不诚实的修辞，这就减少了听众受骗的可能性。由于不诚实的收益减少了，竞争的言者就更可能限定自己说一些有道理的或至少是似是而非的要点。我们可以预料，当听众是专家因此不大容易被操纵时，就会更少依赖对抗性程序。"二是听众接受信息成本的降低。"在专门化论说和探讨的领域之外，识字者增多、普及教育、更好的交流、知识的增加、信息专家的出现、科学以及其他理性研究方法的地位日益提高以及从学校和大学到产品保险、专营商店以及代议（不同于直接）民主这样一些使信息成本更为经济的制度发展，信息成本都已降低了。所有这些都是修辞的替代，并已压缩了修辞的领域。"而现代各种包括法律的技术、制度、规范体系的确立也许恰恰就是避免具有或然性的修辞，或者可以说法律的目的之一就是限制修辞。

第四，现代修辞理论存在自身理论的不足（以佩雷尔曼的新修辞学理论为例）。我们说仅有理论的批判是不够的，现代修辞理论在批判逻辑方法和标准的同时，必须拿出有效的替代方案才具有实践的价值。诚如佩雷尔曼所言，他构建新修辞学理论的兴趣不在于制作一件精美的艺术珍品，而是能够提供一种增强法律论证有效的方法和模式，从而为判定什么价值判断是合理的，什么是不合理的提供一种有效的判定标准，然而，诚如前面几点所分析的，这一努力是失败的。例如，(1) 作为其理论核心概念的"听众"理论。佩雷尔曼既然否定逻辑的作用，而又要将其理论建立在"理性"的基础之上，就必然要另辟蹊径，为其新修辞学建立新的理性基础，为此他引入了“听众”的概念，认为“听众”是理性的听众，但对于什么是理性的论辩，他的定义是能够被听众所接受的论述，这两个概念单独来看是不存在问题的，但放在一起，就构成了典型的“循环定义”的逻辑谬误。我们完全可以说，一个论述是理性的，虽然它没有被听众所接受，那是因为听众是不理性的；我们也可以说一个论述是不理性的，因为它不能被理性的听众所接受。为什么会产生这一明显的谬误？因为，在佩雷尔曼那里，听众是一个抽象的存在，并没有对什么是理性的听众确定明确的资格评判标准，如果不存在什么是理性听众的标准，以此为基础判定什么样的论述是理性的，当然也是模糊、不确定的。并且，如果否定听众对语言、逻辑、价值的共享，又如何保证听众对论辩理性的统一呢？（2）修辞论证的形式。佩雷尔曼提出了多种论证形式：反面论证、相似性论证、正面论证、整全性论证、融贯性论证、心理学论证、历史论证、反证法论证、合目的性论证、经济论证、例证和体系性论证等。这些论证形式可以分为两类，一类是基于逻辑分析基础之上的，一类是基于所谓合情论证基础之上的。其中，前一类能够保证论证的可靠性，但这些论证形式也是能够通过逻辑分析得到的，后一类虽能提供一定的说服力，但不能保证论证的可靠性。总之，佩雷尔曼要么是重述逻辑论证的方法，要么是提出了一些不能适用于法律论辩的一些形式（因为后文要论述的法律推理的结果封闭性要求），其关于法律论证形式的理论建构是失败的。

三、法律修辞与逻辑在法律推理过程中的统一

基于以上分析我们可以得出结论说，修辞与逻辑尽管在表达形式上有很大差异，但它们都是推理、证明的一种形式，其目的都在于通过推理得出具有说服力的结论。但遗憾的是，学者在研究法律修辞和法律逻辑时为了强调各自的重要性，往往各执一词，法律修辞的研究者多强调法律推理前提的开放性，因为无法像数学推理等那样确定封闭的前提集合，所以法律推理无法使用逻辑推理模式；而法律逻辑的倡导者则强调法律思维的严谨性以及推理结果的封闭性要求，所以法律推理必须借助逻辑推理的模式而不能采用修辞的方法。法律逻辑研究者多强调法律推理的结果的封闭性要求。

法律思维的核心是法律推理，成文法国家的法律推理模式总体上看是一个三段论。梁慧星认为："法官裁判案件的过程，是一个严格的逻辑三段论公式，即法律规则是大前提，通过审理认定的案件事实是小前提，而裁判内容则为得出的推论。"然而，我们实际接触一下案件，就会发现根本不是法律逻辑教材上讲的那样。对于同样的一件事情不同的当事人有截然不同，甚至相反的描述，对于同样的行为可以适用不同的法律规定，一个看起来清晰明确的法律概念、规则遇到具体案件时变得如此模糊不清，似乎好几条规则都可以适用，似乎每一条又都差那么一点点，类似的案件却又得出了不同的判决。因此，法律推理绝不仅仅是逻辑推理在法律中的应用那样简单。它所具有的性质和特点既为法律修辞与逻辑的统一提出了要求，也为二者的统一提供了可能。

第一，前提的缺省性和开放性。我们一般要求通过推理得出的结论具有必然性，这就要求推理的前提是结论的充分条件，只要前提真，通过推理得出的结论也必然真。然而，对于包括法律推理在内的实践推理而言，推理的前提往往是不充分的信息，案件事实可能模糊不清，法律也存在着诸多漏洞，但是不得拒绝审判是近现代法治国家适用法律的一条通用原则，法官不允许在信息不充分的条件下拒绝对案件的审理。在这种情况下，基于论辩的推理要求尽可能地考虑各种关联论题，从中作出较合理的选择。同时，关联论题作为补充信息或前提参与论证，但关联论题总是以隐含、默示的方式存在，具有不确定性和开放性。"法院判决时所面对的实际情况不是在真空中，而是在一套现行的法规的运作中出现的……在这种运作中，根据实际情况而作的各种考虑，都可以被看作支持判决的理由。这些考虑是广泛的，包括各种各样的个人和社会的利益，社会的和政治的目的，以及道德和正义的标准。"因此，论辩推理通常包括寻找前提的环节。例如，在法学之"提问辩难"或对话论辩的过程中，参与对话的人们所讨论的问题与其说是法律推论过程本身，不如说更多地是在争论、寻找、确定推论的前提（尤其是大前提）。[1] 按照现代科学哲学所揭示的，它属于发现的脉络。

---

[1] ［德］罗伯特·阿列克西：《法律论证理论》，舒国滢译，中国法制出版社 2002 年，第 285～286 页。

第二，推理机制的弗协调性和实质论辩性。关联论题通常是复式的，并且可供发现的关联论题通常是不一致的，根据演绎逻辑的矛盾命题蕴含一切命题的原则，当前提存在矛盾时演绎推理就会束手无策，而对于论辩推理则选择不同的关联论题作为推理的前提，从而得出不同的子结论，并对最终结论的合理性、可靠性给出具有说服力的理由，这样一个说服的过程属于论证的脉络。由于前提的开放性和推理机制的弗协调性，基于论辩推理得出的结论是或然的，思维主体如果要求其结论具有必然性，就必须基于支持度、价值量、确信度等确定一个对子结论的评估标准，这些标准与特定领域的实质内容相联系，以外显的方式作为元规则参与论证。

第三，结论的可废止性和似真性。因为与问题关联的论题总是在不断变化之中，原本得出的结论可能因语用环境的不同或改变而不再成立，面对新的论题，旧的结论或者被废止，或者被修正，即使要保持也要在融入新的论题后被重新论证。按照马丁·克里勒的描述：在法律思维开端，有一个规范假设，它从生活事实的洪流中，截取了一部分可能在法律上重要的事实，从而使对案件事实的描述和认定成为可能，而反过来，对案件事实的认识也会影响规范假设。可见，目光首先在生活事实和规范假设间流转；另外，规范假设也和法律规范相比对，规范假设指示了到什么地方寻找法律规范，而法律规范决定规范假设是否正确或（通过论证）它能否被法律秩序所包括。这种论证的问题是，如果规范假设被承认为法律规范，会有什么样的后果。所以，目光的往返流转是在两个层面发生：在生活事实和规范假设之间以及在规范假设和法律条文之间。在这两个层面的往返流转中，对生活事实的认知、规范假设、法律规范的选择导致裁判结果的可废止性。由于论辩推理的实质是在相竞争的不同解决方案中作出更合理的选择，是一种在论辩中求胜的推理。因此，基于确定的论题选择得出的结论可能是必然的，但由于对论题的选择不具有必然性，因此，整体来看结论具有似真性。尽管如此，由于根据论题进行推理所得出的结论契合当时的社会价值观念和法律目的，因而在一定范围中得到了承认，或者得到了那些最睿智、最杰出人士的支持。

第四，法律推理是一个从开放性、或然性、论辩性向确定性、必然性、客观性不断转化的过程。法律推理不同于一般逻辑推理的根本一点是逻辑推理的前提都是给定的，即通过外延的方法确定一个概念的外延和内涵，外延性原则是经典逻辑的一个基本预设，根据该原则，概念（语词，词项）的外延就是它所指称的对象，命题（语句、判断）的外延是它所具有的真值。逻辑推理通常不考虑概念的外延是什么，而命题的真值仅仅是通过语义赋值的方法直接给出或者根据逻辑联结词的定义计算得出，基于这种方法，逻辑推理无需判断一个对象是否属于某概念的外延和简单命题的真假，当然也不会存在包括法律推理在内的借助于自然语言进行推理所经常面对的歧义、模糊问题。加上其他预设的一些原则保证了思维对象、过程和结果的确定性、一致性。与此不同的是，法律推理所处理的概念和命题通常并不满足以上基本要求。所以，法律推理并不仅是逻辑推理的过程，而首先是对推理前提的建构，其次才是推理，最后还需对结论进行合法性、逻辑性、合理性等进行评价的过程。为了研究的方便，我们通常把这一过程划分为法律决定作出的过程和法律决定论证的过程两个阶段，其所依借的理论并不相同，法律决定的作出主要是对法律事实、法律规定的发现和解释，并通过对二者逻辑联系的确立得出相应的法律决定。而法律论证的过程主要是对作出的法律结论与其前提的逻辑一致性、合法性、合理性进行审查。这两个阶段不只是主要任务的不同，任务的不同也决定了其方法的不同，因为作出法律决定所依借的前提处于开放的状态，所以所使用的方法必须具有开放性、敏感性、容错性等特点，这一过程所依从的方法主要是论辩，而通过论辩确定的前提往往不是“真实而原始，或者当我们对它们的知识来自原始而真实的前提”，所以其推理形式主要是论辩推理。而法律论证的结论必须具有封闭性、规范性、确定性等特点，能够从众多可能的选项中筛选出唯一确定的答案，这一过程所依从的逻辑主要是演绎推理。从这个意义上讲，逻辑与修辞并不是对立互斥的，而是基于实现同一目标的统一过程中不同阶段的不同方法。

这些特点决定了法律推理既不是纯粹的逻辑推理，也不是毫无目的、没有任何约束的论辩过程，仅仅通过达成形式上的共识就可以的。只有通过修辞达成前提的可接受性才能使得出统一结论的逻辑推理成为可能，且只有通过逻辑推理才能够使前提的可接受性转化为结论的可接受性，从这个意义讲，结论的可接受性就是法律修辞与逻辑统一的目标。

佩雷尔曼曾提出将论辩归结为形式运算所要求的条件，并且将之视为“精细的哲学思考所特有的方法论是靠修辞学提供的，而不是靠形式逻辑提供的原因”。对于这一点我们必须承认对同一个概念、命题的含义的理解产生的分歧常常是法律论辩成为必要的首要原因，并且澄清这些概念、命题的歧义往往是法律论辩的主要工作。然而，我们必须追问这些论辩的目的，以及如何确定哪些概念、命题的含义需要通过论辩得以澄清。我们认为，恰恰是因为我们存在着通过推理得出结论，并论证这些结论的合法性、合理性和可接受性的目的。而要实现相应的推理，就必须以明确的概念和命题作为其前提条件，这些概念和命题只有作为推理的材料时才有意义，它们本身并不能表达相应的观点和立场，这也许就是常常将修辞与逻辑对立起来的重要原因，有些人仅仅看到了推理前的材料准备工作，而忽视了可能被视为“水到渠成”的逻辑推理的重要性；而另一些人则仅仅强调逻辑推理的价值和意义，而忽视了使逻辑推理能够得以进行的前期准备工作。而在现实的司法裁判过程中，二者是有机联系在一起的，彼此相互依赖，又相互赋予对方价值和意义。从这个意义上讲，逻辑与修辞的区分或许仅仅是理论研究的方便，而实际上二者都统一于同一个思维过程之中。

需要注意的是，基于修辞的目的在于说服，而逻辑推理的前提真结论必然真的形式有效性要求决定了，在推理的前提无需辩论的情况下，径直可以通过逻辑推理得出具有说服力的结论，在这个意义上逻辑也是修辞，是最具说服力的修辞；而在另外一些极端的情况下，无论如何都无法通过论辩达成关于推理前提（案件事实和法律规定）的共识时，就无法通过逻辑推理得出具有逻辑可接受性的结论，那么，要得出具有可接受性的结论就只能依赖修辞的手段，在这个意义上，修辞发挥了逻辑的功能，因此，修辞也是逻辑，是在无法直接进行演绎推理时所备选的逻辑。

第五章 “把法律作为修辞”的限度

近年来，陈金钊教授发表了多篇以“把法律作为修辞”为主题的论文，从多个方面论述了把法律作为修辞的观点。[1] 此观点的提出切中了当下我国政治、道德等话语过于强大，法律话语隐退等法治建设的时弊，从多个角度有力地论证了我国法治建设应当把法律作为修辞的立场、态度和路径选择。然而，由于所论述的“法律修辞”存在内涵的模糊性和外延的宽泛性，作为言语论辩技巧意义上的语言修辞，作者混淆了法律思维本身与对法律思维的表达，作者本意在于限制司法过程中的政治修辞、道德修辞，倡言以法律作为法律思维建构的主要方法。但是，在司法过程中，政治、道德等需要通过法律修辞的包装，实现对法律的僭越，而法律思维不需要太多的法律修辞，法律思维的基本形式是法律概念、法律规范和法律推理，是对法律内容的一种逻辑操作。要培植人们的法律意识，把法律思维作为主导性的思维模式，只能是对法律逻辑的强调，而非法律修辞。作为论证模式、为结论的可接受性提供说服力的论证修辞，作者赋予了法律修辞太高的期待。法律修辞兴起于当代对知识确定性危机的恐惧，目的在于实现一般法律规定与具体案件之间的对接，其或然性推理的逻辑基础、达成主体间合意的路径，以及可接受性的评价标准，理论上是对经典法治的反动，实践中因为法律修辞的泛化和滥用而具有背离法治目标的倾向。因此，法律修辞只能是辅助性的法律方法，赋予其太高期待，

---

[1] 其中有三篇论文直接以“把法律作为修辞”为主标题：“把法律作为修辞——认真对待权利话语”，载《山东大学学报》（哲学社会科学版）2012 年第 1 期；“把法律作为修辞——讲法说理的意义及其艺术”，载《扬州大学学报》（人文社会科学版）2012 年第 2 期；“把法律作为修辞——法治时代的思维特征”，载《求是学刊》2012 年第 3 期。另有多篇也间接涉及该论题，如“认真对待法律逻辑与正义修辞”，载《法学》2010 年第 2 期；“中国法治需要进入方法论时代”，载《时代法学》2011 年第 3 期；

反而可能影响正确的法治进程。法律修辞的限度是逻辑，只有将法律修辞限制于逻辑范围，在合理（逻辑）性、合法性的基础上，可接受性才有意义，过度地强调可接受性很有可能将法治导入歧途。

一、泛化的法律修辞

《辞海》对修辞的解释为：依据题旨情境，运用各种语文材料、各种表现手法，恰当地表现说者所要表达的内容的一种活动。❶ 依据此定义，修辞是一种活动，一种表达行为；其方法多样；其特点为情境依赖性；其评价标准为恰当。这与亚里士多德关于修辞的界定本质上并没有太大的差异：“一种能在任何一个问题找出可能的说服方式的功能。”❷ 亚氏只不过是更强调修辞的说服功能。当代对修辞的界定主要是分为两类：一是作为言语论辩技巧的语言修辞，二是作为论证模式为结论的可接受性提供说服力的论证修辞。前者讲究语言的修饰，以达到情感上的煽动、言说的征服。这与法治的和平理性所追求的简洁、平实、严谨的论说风格相背离，人们甚至担忧过分地强调法庭论辩等场合的修辞技巧有可能造成法律的不公正，所以，对于这种意义上的修辞，虽然不能忽视其重要意义，但往往带有戒备、批判的意味。后者是以佩雷尔曼的新修辞学为代表的论证的一种基本形式，他们通过对传统所认为的论证的基本形式——演绎推理的局限性的批判，强调言词论辩在法律论证的重要作用。在他们看来，可接受性是评判论证的根本标准之一，而要达到该标准的要求修辞方法的应用不可缺少。这样的有关修辞的界定分类被陈金钊教授所接受，如他对怀特关于修辞的论述的引用：“修辞一词正处在巨大的流变中。……目前人们通常以两种方式论及修辞。一种是通过跟科学相比较。科学的基本主张是，它通过告知我们那些可以通过证明的方式获知的东西而对知识作出贡献。演绎科学和归纳科学都是如此。……修辞被认为是一种在科学不起作用时我们所做的工作。修辞不关心‘已知’的事情，而关心那些‘可能是这样’的事情。……如此看待修辞，修辞即是一种通过从我们对可能事物的认识出发展开论证而确立可能命题之艺术。它始

❶ 《辞海》（缩印本），上海辞书出版社 1980 年版，第 242 页。

❷ ［古希腊］亚里士多德：《修辞学》，罗念生译，上海人民出版社 2005 年版，第 23 页。

终保持开放的姿态，当现在仅为可能的事物之真假最终被确定下来时，它总会被科学所取代。”[1]

在陈金钊教授的论文中也包含这两种法律修辞定位，但是又有进一步的扩展，主要是把法律修辞视为法律思维形式的一种。“法律修辞是一种运用修辞手段和修辞方法进行说服或劝服的行为，是法律人有意识、有目的的思维建构，是影响受众并达到法治目标的思维活动。”[2] 该描述存在三个层次，第一个层次“法律修辞是一种运用修辞手段和修辞方法进行说服或劝服的行为”，即法律修辞是法律论证的一种形式；第二个层次“（法律修辞）是法律人有意识、有目的的思维建构”，即法律修辞是法律思维的一种形式；第三个层次“（法律修辞）是影响受众并达到法治目标”则是第一层含义的功能实现，即法律修辞的目的是实现法治。对于第一层含义和第三层次的界定应当不存在什么争议，因为随着佩雷尔曼的新修辞学等理论在国内的传播，其把辩证推理称为新修辞学的做法反过来也影响到了法学界对于法律修辞学的理解，似乎定位于一种法律论证模式的法律修辞观念比已经定位于法律表达的观念更深入人心了。我们所不能接受的是第二层含义的界定。观点分歧的关节点在于“法律人有意识、有目的的思维建构”是思维还是修辞。

二、把法律作为修辞的木马计

20 世纪上半期，语言哲学逐渐成为思想研究的主流。通过对语言的研究，所有的问题都成为了语言学问题。语言对人类思想、观念、行为的塑造功能被提到一个特别重要的位置。美国哈佛大学调研显示，语言影响人类的内在偏好。语言不仅是表达思想的媒介，实际上还可以设计人类的思想与感受，人类内在的各种看法，不管是好的还是坏的都被语言控制着，人的偏好是可塑的，非常容易受到流行文化的影响。[3] 陈金钊教授“把法律作为修辞”的观念显然是受这一思潮的影

---

[1] ［美］詹姆斯·博伊德·怀特：“作为修辞之法律，作为法律之修辞：文化和社群生活之艺术”，程朝阳译，载陈金钊、谢晖主编：《法律方法》（第 11 卷），山东人民出版社 2011 年版第 3 页。

[2] “把法律作为修辞——法治时代的思维特征”，载《求是学刊》2012 年第 3 期。

[3] 张肖雯、徐庆超编译：“语言影响人类的内在偏好”，载《中国社会科学报》2010 年。

响，希望通过法律修辞对思维的塑造功能实现法治的目标。“法律修辞的目的在于规范人的思想和行动。把法律作为修辞就是要以法律语词的魅力来实现法治理想。一些法学家的研究表明，法律的规范作用在本质上就是修辞性的。修辞学的一支被称为规范修辞学，把法律作为修辞与此相关，目的在于实现法律对思维的约束，最后形成对社会行为的规范。把法律作为修辞使法律成了约束思维的因素。如果社会中有了一支坚持法律思维的队伍，就会出现一批捍卫法治的力量。”❶

对于这一点我们深深表示赞同，但对于因此把法律修辞视为法律思维本身则表示质疑。根据陈金钊教授对法律修辞的进一步的阐释：“法律人要做的是把法律作为修辞来阐释对事实的评价、定性以及带有法律引导性的描述。这是法律人的基本功，也是法律专业化、职业化的表现。”❷“法律修辞所描述的对象是涉及案件的行为或事实，是用法律语词表述形容案件的性质，说明案件的过程，试图用法律语词劝说人们接受站在法律立场上的观点。……法律修辞要达到的目标有：要尽量用法律术语、概念、语词证立所有的判决；法律人的思维方式要用法言法语作为关键词，即使是需要转换也应该表达法意；对案件事实的定性需要把法律作为修辞；每一个判决尽量要用法律言辞说明理由；把法律作为修辞是在开启法律的功能，而不是故作姿态把法律作为装饰。”❸

如果我们没有理解错，这里所表述的法律修辞实质上是以思维主体形成的法律信念体系识别、解释目标案件的行为或事实，对之予以法律范畴归类，并进行推理、论证的思维过程。该过程基于所应用的主要思维方法的不同，可以区分为两个阶段。

第一阶段是基于经验思维对案件的解释，即陈金钊教授所称的把法律作为修辞的法律语言转换。“把法律作为修辞主要是在具体的语

---

❶ 陈金钊：“把法律作为修辞——讲法说理的意义及其艺术”，载《扬州大学学报》（人文社会科学版）2012 年第 2 期。

❷ 陈金钊：“把法律作为修辞——认真对待权利话语”，载《山东大学学报》（哲学社会科学版）2012 年第 1 期。

❸ 陈金钊：“把法律作为修辞——认真对待权利话语”，载《山东大学学报》（哲学社会科学版）2012 年第 1 期。

境中对法律语词的重新构造，更加准确地使用。”[1] 但该过程属于思维而不是修辞。在法律人开始接触案件时，首先需要对他人所描述的案情进行识别，并赋予特定法律意义和性质，也就是对案情进行解释、分析的过程。这个过程当然离不开法律概念、规范等语言要素的参与，也可以说是语言转换的过程，把日常语言转化为更为精确的法言法语。进行这样的语言转换是法律人运用法律知识处理具体案件的第一步。该过程当然也可以视为法律思维的一部分，但不是其核心或主导部分，我们可以说是其为法律推理、论证提供思维的材料，其主要形式是经验或直觉，通过经验的敏捷性、启迪性开启法律思维。经验思维的高度个体依赖性和可错性使其不具有可靠性，难以保证其结果的正确性，更重要的是其难以精确地被分析和评价，因而不具有普遍的说服力。因而需要思维的第二个阶段。

第二个阶段是基于逻辑思维对案件的推理和论证。一个显而易见的事实是，除非是在非正式场合，或者是特别直率的人，才会径直把自己基于经验作出的判断当作必然正确的观点予以坚持。它们不会被轻易地表达出来，即使被表达出来也仅仅是作为进一步思考、讨论的出发点。要保证作出的判断是可靠的，就必须要对经验判断进行推理和论证，基于法律、逻辑，道德和政治等规则和标准进行衡量和评估，目光在事实与规范之间往返穿梭，形成一个确定的推理模型。

为了语言表达的简洁性，法律人往往不会把这样一个复杂的思维过程的每一个环节皆如实地表达出来，而是径直地把最终确定的推理模型表达出来。从最终的表达形式看，法律思维与对该过程表达的修辞似乎是一致的。但是，从本质的意义上，思维与修辞属于不同的哲学范畴。思维是主体运用已形成的信念体系对案件信息的操作和加工，目的是形成正确的逻辑判断，而修辞是对思维过程和结果选择性表达，目的是展现思维过程和结果的正当合理性，从而达到对听众的说服。在传统的思维与语言关系的理论研究中，普遍的观点认为语言是思维的载体，思维是语言的内容，二者关系密切，但不一一对应。因为语言与思维并不一一对应，所以才有了修辞存在的空间和价值。

---

[1] 陈金钊：“把法律作为修辞——讲法说理的意义及其艺术”，载《扬州大学学报》（人文社会科学版）2012 年第 2 期。

把法律作为修辞确实有可能做到坚持法律至上原则，以法律规范为主导，但这种坚持仅仅是表面的，约束道德的、政治的、人情的因素干扰法律的安全性归根结底不是修辞。有一种较为消极的观点认为："在一个缺乏道德信仰的社会里，是无法建成法治社会的。因此，任何社会所存在的各种法律问题可能只是表层现象，其背后的问题应当是道德问题，即道德自觉、道德修养与道德信仰。"[1] 但问题是我们无法追问法律修辞背后的道德动机，其隐秘性、多元性、模糊性导致我们无法准确地对其进行分析和评价。我们只能听其言、观其行。坚持法治就是坚持道德的、政治的、人情的因素只能以法律言辞的形式表达出来，据此我们可以视之为法律修辞对法律安全性的守卫功能。但是，"法律修辞是一种道德合法化的手段"[2]。我们认为，把法律作为修辞意味着表面上说的是法律，其内在精神却可能依然是政治、道德、情感、偏好等。这样表面看起来法律很有面子，但只不过是一个被操纵的傀儡。当然我们可以说，现在法律就是傀儡也做不上，被彻底晾在了一边。若能把法律作为修辞，则意味着伸进思维领域一只被称为法律的脚，先借着修辞站稳了脚跟，再慢慢发展壮大，直至不但有其名且有其实。或者说，先放下法律唯我独尊的高傲，与政治、道德等一起被讨论在言辞论辩的过程中，树立法治的权威。"法律修辞是在思维中把法律放到与道德、政治、人情等具有同样地位，使法律成为日常话语系统的因素来评价人们的行为。"[3] 这样看来，这个实现法治的"木马计"未必不是解决我国法治建设的一个好的策略。但终究这是一个面子工程。与现实中其他的面子工程不同，倡言把法律作为修辞还可以说，语言对思维具有塑造作用，当我们习惯于以法律说事时，法律意识、法律技术、法律信仰等皆可被慢慢地培植起来，达到得其名而求其实的效果。然而，法律是一件涉及具体人权利与义务的事业，尤其是在具体的案件中，直接与当事人的身家性命相关，当借着法律

---

[1] 范进学：《法律与道德——社会秩序的规制》，上海交通大学出版社 2011 年版，第 36 页。

[2] 徐亚文、伍德志："法律修辞——语言游戏与判决合法化"，载《河南政法干部管理学院学报》2011 年第 1 期。

[3] 陈金钊："把法律作为修辞——认真对待权利话语"，载《山东大学学报》（哲学社会科学版）2012 年第 1 期。

之名，各种政治、道德，甚至不正当的私利肆意作为时，法律修辞塑造的是人们对法律的忠诚信仰还是虚与委蛇，甚至厌恶痛恨之情我们很难作出保证。以前有句话叫“打着革命的旗号反革命”，逼着“以为不能排除法律修辞”成为“打着法治的旗帜反法治”的可能，归根结底这是因为法律修辞的局限性所决定的。

三、职业化的法律修辞与大众化的法律修辞

对于一个典型案件，因为其所包含的信息可简单地范畴归类于法律逻辑体系之中，因此可径直地作出判断。但对于一个非典型案件，首先的困难是范畴归类，这时需要对案件信息和法律概念、规范作出进一步的解释和说明；其次是这样的范畴归类和思维要素的连接并不具有普遍性，需要进一步论证其正当性；最后，因为该法律信念之网并不被社会一般主体所拥有，当需要其理性地接受这样一个思维过程和结果时，还需要以其所拥有的道德、政治等范畴、模式、语言解释和论证。因此，我们所理解的把法律作为修辞主要可分为两个层面：法律人之间的法律修辞和法律人对普通人的法律修辞。前者以法律概念、规范、原则、观念、价值、理念等作为修辞素材，是职业化的法律修辞；后者是以道德、政治等术语论证法律思维的正当性、合理性，是大众化的法律修辞。

之所以对法律修辞作以上分类，是因为修辞作为说服的艺术，对于听众的特别关注。佩雷尔曼将听众区分为普遍听众和特殊听众。普遍听众实际上并不现实的存在，而是一个理想假定，以此作为论证是否为合理的标准。普遍听众的概念确定了修辞辩论的规范性，如果不存在普遍听众的概念，那么修辞论辩就可能陷入某种相对主义的泥沼，不论哪种选择和结论，只要得到听众的认同就是合理的，因此普遍听众的概念最主要的功能就在于判断论辩好坏。普遍听众作为论证是否具有合理性的标准，替代了传统逻辑学中关于“真”的这一标准。佩雷尔曼认为，某一种观点是否可以被人们接受，其实就是一种是否被理性听众接受的过程。如果可以被理性听众接受，那么这一理论就是可以合理的，反之就是不合理的。但问题是在具体的论辩过程中，普遍听众的理想标准界定是极其模糊的，言说者认为自己的论证是合理的，之所以不被接受是因为特殊听众不是理性的听众；听众则认为自

己是理性的，之所以不接受言说者的论证是因为此论证是不合理的，由此，陷入了一个循环的过程。所以，我们认为该理论存在着致命的缺陷。那么，我们应当如何构建具有方法论意义的听众理论呢？我们认为最重要的是根据听众的信念体系进行区分。一个是不具有法律专业知识的一般民众，一个是具有相同知识背景的法律人职业共同体。基于应用场域的不同确定不同的修辞策略。“要说服任何人，你必须首先讲一种他或她认为正确的、可理解的语言。”❶

对于大众化法律修辞而言，因为一般民众缺乏对法律的系统掌握，因而把法律作为修辞其实取决于民众对法律的信赖，本质上就是有没有一种盲目的信仰，因此有人说法治需要信仰才能被实现。美国大法官波斯纳在揭露法律修辞的虚伪性时说：“司法慎思之隐秘性是职业神秘化的一个例子。像法学和医学这些职业，外人很难理解和评估它们提供的关键服务。职业人喜欢这样，因为这有助于维系他们的特权地位。但他们知道，这必须克服外行人的不信任；因此，他们开发了一种神秘，不禁夸大职业的技能，而且夸大该职业的非私利。法官一直都这么做，上千年了，也很擅长，太擅长了，以至于他们的法律同行，包括法律教授和从业律师，理解他们也有一定的难度。法官已经让很多人——包括他们自身——信服了：他们用深邃的材料和技巧无私地建造了一座不为任性、政治或无知玷污的教义大厦。”❷ 这种法律修辞在美国之所以有效，根本上取决于美国的这种信仰文化。当我们羡慕美国“不仅法律语言‘很好地融入到了普通的言语之中’，而且一种法律的精神似乎也蔓延及整个社会”❸ 时，我们能否得出结论说“整个美国就好像一个巨大的、四处流溢的法律学校，这可以说是美国实施法治的文化基础和群众基础。把法律作为修辞是法治史上的成功经验”❹。笔者认为不能，法律修辞强大必然有一个法治社会的基

---

❶ ［美］詹姆斯·博伊德·怀特：《作为修辞之法律，作为法律之修辞：文化和社群生活之艺术》，程朝阳译，载陈金钊、谢晖主编：《法律方法》（第 11 卷），山东人民出版社 2011 年版，第 4 页。

❷ ［美］理查德·A. 波斯纳：《法官如何思考》，苏力译，北京大学出版社 2009 年 4 月版，第 3 页。

❸ ［美］玛丽·安·格伦顿：《权利话语：穷途末路的政治言辞》，第 3 页。

❹ 陈金钊：“把法律作为修辞——认真对待权利话语”，载《山东大学学报》（哲学社会科学版）2012 年第 1 期。

础，一个法治社会必然意味法律修辞的强大。但是，二者存在意义上的互为里表并不意味着必然存在发生意义的因果。因此，我们不能寄予通过法律修辞塑造法律思维太多的期望。人们首先是在接受了法律的权威后才会选择使用法言法语作为修辞的主导形式。在没有认可法律的权威性、正当性之前，即使对于法律人的法律修辞他们也会心存质疑甚至排斥。而我国民众缺乏这种对法律的信仰，即使把法律作为修辞恐怕也无异于隔靴搔痒。当下我国民众法律知识、观念尚不够普及，法律意识有待增强，法律的权威尚没有确立，人们对法律人的选择和判断的正当性尚存在太多的疑虑，因此需要借助道德、政治的论证才可被一般民众所接受。陈金钊教授用了前几年因一个具体案件而广为所知的一句话“我爸是李刚”为例，表达了对法治可能受到冲击的担忧，进而论证用法律修辞抵制特权修辞的必要性。[1] 我们说更应该警惕并与之斗争的是这句话所反映的思想观念，至于说要借鉴或妒忌这句话在修辞意义上的冲击力，那也是更适合普法工作要做的事。当法律获得至高的位置时，若再有人在法庭上叫嚷“我爸是李刚”，大概会把它视为一个笑话，或者是对法律的挑衅而被终止甚至必要的惩戒。

“法治已经喊了多少年，但是法治论者才体会到它的步履维艰。从依法治国方略的实施，到如今至少是15年了，然而今天的法律依然没有足够的权威。”[2] 一个“喊”字恰恰反映了我们并不缺乏法律修辞，法治被写进了各类重要文件中，在各种场合下一再被提起，但至今法律依然没有足够的权威，恰恰说明仅仅靠“喊”、靠法律修辞是不可能建成法治国家的，更根本的出路还在于通过观念的转变、制度建设、法律方法技术等措施，真正地把法律当回事。

造成法律话语无法抵抗政治话语、道德话语的根本症结不在于法律话语的精确性或者表达的准确性，而是民众根本就不相信法律能从根本上解决问题。总之，把法律作为修辞对于当下的大众而言不是最重要的，如果不解决法律的权威性问题，怎样重视法律修辞都不会有

---

[1] 陈金钊：“把法律作为修辞——讲法说理的意义及其艺术”，载《扬州大学学报》（人文社会科学版）2012年第2期。

[2] 陈金钊：“把法律作为修辞——讲法说理的意义及其艺术”，载《扬州大学学报》（人文社会科学版）2012年第2期。

太大的说服效果。

法律职业共同体因为具有相同的知识背景，至少在理论层面上掌握有相对明确的法律概念、法律规范等思维素材。那么，只要用规范的法言法语充分地表达其思维过程即可，论证的重点是合法性，即第一，所依据的法律前提是合法的；第二，将案件范畴归类于所依据的法律是正当的；第三，基于前提的合法性而保证结论也具有合法性的法律推理模式是有效的。对于第一点而言，因为依据法律进行思维已经成为法律思维的当然之意而被法律人普遍的接受，所以对于所适用的法律的合法性问题除非一些极其低级的错误之外，只需简单表明其法律体系之中的位置即可。对于第二点而言主要是借助于法律发现和法律解释的方法实现。当前普遍受到挑战是第三点。传统的法律理论认为保证前提合法性向结论合法性可靠传递的是有效的逻辑演绎，当代的法学理论则普遍认为逻辑的严格形式化不适用于属于实践理性范围的法律领域，现实主义法学、自由主义法学、批判法学等通常都是以对法律逻辑的批判作为其理论展开为起点的。所以，提高职业化法律修辞的最为简便的方法就是奠定法律逻辑思维的自信心和自觉性。“是谁在谋害中国的法治？我的回答是，理论法律人和实务法律人。他们一方面在呼喊法治，另一方面在消解法治；一方面要求依法办事，另一方面要求法律效果、社会效果和政治效果的统一；一方面呼喊宪法法律的权威，另一方面要用常理常情和常识解释法律；一方面讲法治，而另一方面讲政治讲人情。人们的法律思维已经完全被辩证法所左右，法治所需要的根据法律的思维，在人们真正思考法治问题的时候，逻辑已经退回到法学教科书中了。这一切都源自于轻视形式逻辑的文化惯性，我们天天喊着中国的法治道路坎坷，但不知道从何处拯救。如果我们的思维中缺少逻辑规则，那么就无法建立起法治所需要的法律思维和法律方法。实现法治就应该从改变人们惯常的思维方式开始。”[1] 当然对于逻辑何以能够成为法律修辞的基础需要进一步论证。对该论证的表达即为职业化法律修辞的主要内容。

---

[1] 陈金钊：“运用逻辑固化法治思维的基础”，载张传新：《自适应道义逻辑与法律推理研究》，山东人民出版社2011年版，代序第1页。

四、法律修辞的逻辑限度

如上所论，我们认为把法律作为修辞仅仅对职业化法律修辞有效，但构成法律人也往往不把法律作为修辞的思想障碍不是法律本身，而是对把作为前提的法律的合法性传递给结论的逻辑模式的怀疑。而这背后是当代普遍的知识确定性危机。

近代思想家尼采曾言："上帝死了"。这一具有划时代意义的惊世断言今天已成为了常识性命题，至少对于我们这个无神论的国度尤其如此，因为我们根本就不接受上帝的存在。尼采之上帝并不仅仅指宗教意义上的单数上帝，而是众神的复数，我们进一步可以理解为一切可资信赖的权威——宗教的、政治的、道德的、学术的等。诸神的死亡意味着我们的心灵失去了归宿，我们的行为失去了终极性的约束，我们失去了评判是非、进行选择和预测的标准，从而陷入了不确定的恐惧。"怎样应对不确定性可能是人类所面临的最古老的社会问题之一。……这种不确定性无疑造成了社会的不稳定，而疑虑本身也只能加重危险。"[1] 而逻辑也曾经被视为人类应对不确定性的一种有效机制。基于对明确的法律规定逻辑适用使我们对自己的行为可能导致的后果有明确的预测；当我们受到伤害时，我们相信法律会还我们以公道；当产生冲突时，我们相信法律会给我们以公正的评判。但如今，法律的确定性受到了几乎彻底的消解。无论是对案件事实的构建还是对法律的解释都会受认知主体的各种偏见所干扰，并且这些偏见根本无法避免。"如果现实是不确定的，那就不得不进行选择了；如果我们不得不进行选择，那分析者的价值取向、偏好、假设等就不可避免地要进入分析过程了。我们即使有意排除这些要考虑的因素，即如果我们在从事知识活动时坚持一种道德中立立场，这些因素也会无意识地出现，也会在人们随意的交谈中出现。我们即使把这些因素表面化，还会不断出现无意识状态，因为无意识构成了分析家的灵魂。"[2]以逻辑为基础的形式主义法学被贴上了"神话"的标签而弃之一边，"形

[1] ［美］伊曼纽尔·沃勒斯坦：《知识的不确定性》，王昺等译，山东大学出版社 2006 年版，第 20 页。

[2] ［美］伊曼纽尔·沃勒斯坦：《知识的不确定性》，王昺等译，山东大学出版社 2006 年版，第 32 页。

式逻辑或证明无力解释日常论证中的价值判断问题，这意味着以价值判断为基础的论证是非理性的”❶。

这种思潮也导致了法律确定性危机，“法律的不确定性和模糊性是法治命题的反面。它使得法治在理论上被颠覆”❷。那么，我们是否要必然地放弃法治的理想呢？显然不能，人类至少在目前还没有找到一个比法治更好的社会治理方法，无论怎样在理论上解构它的确定性，我们在现实中依然离不开它。我们必须理直气壮地告诉那些批评家们，并不是因为法治理论上多么完善我们才接受它，而是因为没有其他更好的选项才选择了它。“只有当我们接受了认识与需求不可分这一点时，我们才会开始认识得更深邃。”❸

我们也没有必要对法律确定性危机过于恐惧，法律确定性危机也许是我们自己在理论上将确定性太绝对化了，在现实中自有其内在的逻辑。我们头脑中的法律信念体系是通过经验积累，理论、知识学习，以及在此过程中形成的法律观念的综合体，其内在的脉络链接固化成为相对稳定的思维模式。它决定了我们思考问题的角度，对相关信息关注的选择，以及对认知对象的性质、意义的赋值，实现认知对象与认知主体的结合，进而作出选择和判断。在这样的法律信念之网的连接中存在着固化程度的差别，那些能够被普遍接受、最不易被修正的部分，我们称为逻辑。除此之外，法律人还通过法律专业知识的学习，将其内化为其信念体系的一部分，它们构成了法律人思维特有的一种思维模式，我们可称为法律逻辑。

事实上，我们并不否认逻辑的局限性，更不是以逻辑否定法律修辞，而是确定逻辑与修辞的界限，彼此互为限度。在当下强调逻辑对修辞的限度，主要是着力于法律的可分析、评估性实现对法律修辞的约束，奠基法律修辞的理性基础。我国有句流行很广的格言：“取法其上，得乎其中；取法其中，得乎其下；取法其下，法不得也！”大

❶ ［美］库尔特·M. 桑德斯：《作为修辞之法律，作为论证之修辞》，程朝阳译，载于陈金钊、谢晖主编：《法律方法》（第10卷），山东人民出版社2010年版，第29页。

❷ 陈金钊：“法治时代的法律位置——认真对待法律逻辑与正义修辞”，载《法学》2010年第2期。

❸ ［美］伊曼纽尔·沃勒斯坦，《知识的不确定性》，王晶等译，山东大学出版社2006年版，第32页。

意是说当志存高远，但具体的实现方法尚须从最基本的功夫做起。南怀瑾解《大宝积经》说："千万注意！学佛要做功夫的，不管你念佛也好、修密宗也好、参禅也好、修止观也好，文殊菩萨这一段话，把所有成佛之路的方法告诉你了。未顿悟自性不思议，就要渐修系心一缘。……要不要盘盘腿子？要不要打打坐？要的，不要还不行。'如人学射，久习则巧'，等于学习射箭一样，练习久了，功夫到了就成功了，就巧妙了。熟能生巧。因此想了生死还是要盘腿，还是要入定。……练习惯了，变成不用方法就到了。"❶

我们完全同意陈金钊教授以下论断："思维对法律的吸收主要表现在两个方面：一是在逻辑上把法律作为思维的根据，进行根据法律的思考；二是把法律作为修辞，运用法律概念、语词修饰完善我们的法律思维。这两个方面都是很重要的，法律逻辑保证着思维接受规则的约束，法律修辞的运用则意味着法律、事实、正义、情景等因素的融贯。"❷ 并且认为此二者存在先后条件制约关系，因而推进上的策略选择首先是逻辑上把法律作为思维的根据，根据法律进行逻辑思考。逻辑是法律思维的基础，同时也是法律修辞的限度。

---

❶ 南怀瑾：《宗镜录略讲》，民族知识出版社2000年版。

❷ 陈金钊："把法律作为修辞——认真对待权利话语"，载《山东大学学报》（哲学社会科学版）2012年第1期。

第六章　判决书说理透彻性与修辞简洁性的动态平衡

一、判决书论证背后的隐含因素

提高判决书制作质量，增强判决的说理性一直是我国司法改革的一项重要内容。[1] 然而，在实践中对于判决书应如何说理、说哪些理依然存在模糊的认识。例如，在李昌奎故意杀人、强奸案的一审、二审、再审判决书中分别写道：

> 犯罪嫌疑人李昌奎犯罪手段特别凶残、情节特别恶劣、后果特别严重，其罪行极其严重，社会危害极大，虽有自首情节，但不足以从轻处罚，犯故意杀人罪判处李昌奎死刑，剥夺政治权利终身，犯强奸罪，判处有期徒刑五年。决定执行死刑，剥夺政治权利终身。赔偿家属王廷礼、陈礼金经济损失3万元。
>
> 原判中认定事实清楚，定罪准确，审判程序合法，但量刑失重。认为李昌奎具有自首情节，认罪、悔罪态度好、积极赔偿受害人家属经济损失。以故意杀人罪、强奸罪判处李昌奎判处死刑，缓期二年执行的终审判决。
>
> 被告人李昌奎行为已分别构成强奸罪、故意杀人罪，且犯罪手段特别残忍，情节特别恶劣，后果特别严重，社会危害极大，虽有自首情节，但不足以对其从轻处罚。原二审判决认定事实清楚，证据确实、充分，定罪准确，审判程序合法，但对李昌奎改判死刑，缓期二年执行，剥夺政治权利终身，量刑不当。改判李昌奎死刑，剥夺政治权利终身，并依法报请最高人民法院核准。

[1] “人民法院五年改革纲要”，载《中华人民共和国最高人民法院公报》1999年第6期。

二审认定一审“量刑失重”，且举出理由“认为李昌奎具有自首情节，认罪、悔罪态度好、积极赔偿受害人家属经济损失”，故改判“死刑，缓期二年执行”。但是，自首、认罪、悔罪态度、赔偿受害人结束经济损失等情节是否成立，以及是否构成改判的充分理由并没有充分论证。因此导致舆论质疑。是故有再审的改判“虽有自首情节，但不足以对其从轻处罚。……但对李昌奎改判死刑，缓期二年执行，剥夺政治权利终身，量刑不当。改判李昌奎死刑，剥夺政治权利终身”。然而，对于为何自首情节不足以从轻处罚仍然缺乏论证。尤其是将三份判决书放在一起比较时，更加突显司法部门翻手为云覆手为雨的裁判任意性，即使某判决结果是合理正当的，但如此判决又怎能以理服人？

究其原因，在于法官在制作判决书时把三个层次的认识过程混淆在了一起：第一，对于证明自首，认罪、悔罪态度，赔偿受害人经济损失等事实存在的证据、信息的真实性的认定。第二，对于这些证据、信息能否作为证明自首，认罪、悔罪态度，赔偿受害人经济损失等事实成立的充分性的认定。第三，对于被确认的自首，认罪、悔罪态度，赔偿受害人经济损失等事实能否作为定罪量刑的合法性、充分性的证明。对于以上过程涉及证据信息的发现、识别和确认，相关事实的认定并据以定罪量刑等环节并不仅是基于法律的明确规定机械的操作，因为法律规定所具有的一般性、抽象性等属性决定了其在适用于具体案件时必须依赖法官主体所具有的观念、假设、概念理论等隐含前提，而这些因素并非都是不证自明的，当对其存在疑惑和争议时，必须予以明示和证明。该案的一审、二审、再审在皆认可存在自首等情节的情况下，对于这些情节的法律意义和性质给予了不同的认定，并据此作出了不同的判决，说明在此过程中存在隐含因素的考量，恰恰是这些隐含因素决定了判决结果的不同。在本应重点论证且最具争议的关键点上却语焉不详，导致这些判决书没有实现讲法说理的目的，因此都不是合格的判决书。并且，既然认定一审对于相关证据及基于证据确认的犯罪事实并不存在争议，二审、再审仍然长篇累牍地予以重述则纯属多余，有违后文将论述的判决书修辞的简洁性原则。

以上案例似乎充分印证了一些人对我国的判决书说理太简单，缺少甚至没有法律论证和推理的批评。❶ 对于造成以上问题的原因，人们通常将其归结为我国法官职业素质低下，缺乏理论思维的能力，没有能力制作高质量的司法判决书。然而，一些学者的研究表明这番指责并不具有必然性。朱苏力教授通过实证研究发现："中国法院内保存的案件卷宗内，除了正式的判决书副本外，都有一份结案报告。这份报告对案件处理都有详细的介绍，有比较详细的关于判决理由的论证分析。从我看过的结案报告来看，即使是文化、业务水平相对说来比较低的基层法院法官实际具有的分析论证能力要比根据现有的判决书推断他们具有的能力要强得多。……非不能也，乃不为也。"❷另一学者贺欣也考察了法院在社会诸多非法律因素的压力下，在制作判决书时采取的变通措施：在审理一起行政部门要求机动车辆在获取年度检查证书之前必须缴清所有的罚款和费用的案件时，一审认定该规定违法。公安局在上诉过程中对法院施加了巨大的压力，最后合议庭妥协了。"这一有利于公安局的决定，是在副院长召集并指示合议庭之后做出的。但书记员一字不落地记录了这一谈话，将其作为不公开的附件附在了案卷内，并要求副院长对这一会议记录签字。"❸ 可以想象，此案判决书的论证过程与法官的思维过程并不一致，也例证了"不为"的社会性根源。我们之所以强调判决书要讲法说理，目的之一就是通过对司法论证过程的强调而形成一种约束、规范机制，能够有效抵制非法律因素对司法过程的干扰。以上研究虽然部分澄清了判决书说理简单是因为法官职业素质低下的误解，但是却没有阐述判决书与裁判过程偏离，以及"不为"何以成为可能的技术性原因，假如可以轻易地通过不写、少写乃至于作伪决定判决的理由而逃避约束，那么关于判决书制度设计目的的实现也就流于空谈。

社会是一个复杂的综合体系，从政治、历史、道德等角度分析社会诸因素对司法过程的制约固然重要，但不能代替对司法过程自身规

---

❶ 十几年前，多位学者对于判决书的研究都做出了类似判断，参看龙宗智："刑事判决应加强判决理由"，载《现代法学》1999 年第 2 期；叶自强："论判决理由"，载《湘江法律评论》（卷 3），湖南人民出版社 1999 年版，第 135 页以下；王利明：《司法改革研究》，法律出版社 2000 年版，第 350 页；傅郁林："民事裁判文书的功能与风格"，载《中国社会科学》2000 年第 4 期等。从以上所引李昌奎案的判决书看，这类判断似乎依然是有道理的。

❷ 苏力："判决书的背后"，载《法学研究》2001 年第 3 期。

❸ 贺欣："法院推动的司法创新实践及其意涵"，载《法学家》2012 年第 5 期。

范性的研究。从某种意义上讲，社会性归结是一些法学理论研究的一种错误的倾向，是一种懒惰症。似乎将某种不好的现象、问题归结为社会就找到了根源。然而找到这个根源又怎么样呢？要么从根本上改掉这个社会，要么鉴于制度的复杂性发几句感叹。前者属于革命化思维，后者很容易陷入循环论证，总之并不能有利于问题的解决。在当前我国法治环境依然复杂的情况下，社会性解决这些问题似乎依然有巨大的障碍需要克服。从技术层面厘清判决书说理的原则、内容和性质，不但对于有效提高判决书制作水平，而且对于有效抵御非法律因素对司法过程的干扰都具有重要的理论意义和实践价值。

本书无意探究决定司法判决背后复杂的利益、观念、心理、价值、政治、政策等诸多要素究竟是什么，以及如何影响司法判决结果的，而是从分析判决书修辞的基本逻辑模式入手，揭示造成判决书说理与修辞背离的逻辑根源，确立判决书说理与修辞的立场：基于法律推理所具有的可废止性，判决书的制作实质上是在判决修辞的简洁性与说理透彻性之间追求动态的平衡，其关节点在于判决的可接受性。对于一般的简单案件，司法三段论推理已是最简洁、最有力的修辞，对于所谓的复杂案件，裁判结果往往由隐含的假设和背后的理念等各种实质要素所决定，明确表达和证明这些隐含假设和背后的理念才是提高判决书可接受性的关键。

二、判决书说理与修辞的基本逻辑模式

有一种观点认为，我国判决书说理简单的原因可归结为“中国司法已有的大陆法系传统和相应制约”。[1] 但该观点似乎并没有切中当下我国判决书说理简单的要害。把判决书说理的透彻性与修辞的简洁性对立起来，进而把说理简单的问题正当化。“在欧陆法系的法院中，尽管同样强调严格遵循法律，但是法官的任务主要是依据成文法对具体案件作出恰当判决。偶尔法官也会有某些政策和考虑，甚至也有造法的功能，但一般说来，这种因素不那么明显，受到了传统的严格限制。造法的工作严格归属于立法机关。法官的任务仅仅是对适用法律负责。尽管适用法律总是会有解释，有推理，甚至某种程度的创造，

---

[1] 苏力：“判决书的背后”，载《法学研究》2001 年第 3 期。

但是其推理形式相对简单，且更多是一种演绎的方式。”❶ 我国判决书说理简单、程式化表达似乎也无需受到指责。我们认为，这是一种相对陈旧的观点，虽然基于明确的法律事实和法律规定可演绎推出确定的裁判结果，此时判决书只需呈现出该三段论推理过程即可。但是，法律事实的确认和法律规定的发现、解释、适用等环节又往往并不具有不言自明性，此时判决书只呈现出该三段论推理过程又是不够的。

我国的判决书结构总体上呈现为司法三段论的逻辑模式，即对案件事实的认定以确定法律推理的小前提，适用法律规定确定法律推理的大前提，最后依据三段论逻辑演绎出判决结果。此结构体现出近现代企图把法治建立在坚定的逻辑理性基础上的努力。然而，这种努力却是对三段论功能的误解。其结果是因为三段论的简陋而无法把该说之理说清楚，又囿于三段论结构的完整性把不存在争议的事实陈述、法律适用过程程式化地罗列，导致判决书详略失当。因此，我们认为把分析判决书的三段论逻辑模式作为诊断当前我国判决书病状的切入点应当是合适的。

在近现代的法学理论研究中，无论是持支持立场还是持批判立场，诸多学术流派皆把司法三段论视为法律推理的基本模式。支持者视司法三段论为法律思维的理性基础，以此保证司法活动的客观、中立。批判者则视以上思想为形式主义谬误，并以对司法三段论的批判为理论起点，否定法律思维的客观确定性。然而，以三段论为重要内容的传统逻辑学毕竟仅仅是逻辑学初期阶段的理论，其对思维过程的刻画能力是非常有限的。它既不足以奠定法治理性的基石，当然也无力独立承担法律不确定性的罪责。相对而言，现代逻辑以其强大的刻画能力为法律思维分析提供了更有效的逻辑工具，也使我们能够更好地理解法律推理的特点。如阿列克西将法律推理的基本逻辑模式刻画为❷：

（IR. 1）　·（1）（x）（Tx→ORx）

　　　　　·（2）Ta

　　　　　　（3）ORa

其中，“x”是关于人、行动或其他在法律商谈中谈论之对象的变

❶ 苏力：“判决书的背后”，载《法学研究》2001 年第 3 期。

❷ ［德］罗伯特·阿列克西：《法·理性·商谈——法哲学研究》，朱光、雷磊译，中国法制出版社 2011 年版，第 10 页。

量。“T”是这样一个谓词，它把一条规范的构成前提组合为个体的特征。“R”则是这样一个谓词，它表示相应于此的该做之事。“a”是某个人、某个行为或某个其他个体的名字或对它的特定描述。(1) 是对某个规范的形式化复述，(3) 则是对某个具体法律应然判断的复述。

然而，我们可以证明该推理模式并不能可靠地刻画法律推理，例如：

设存在一法律规范：$Tx \rightarrow ORx$,

根据逻辑规则：$T(a \wedge n) \rightarrow Ta$,

则：$T(x \wedge n) \rightarrow OR(x \wedge n)$。

根据经典逻辑，以上推理是有效的，然而，我们给其一个具体解释，则可以证明其无效性，如《中华人民共和国选举法》第3条：

> 中华人民共和国年满十八周岁的公民，不分民族、种族、性别、职业、家庭出身、宗教信仰、教育程度、财产状况和居住期限，都有选举权和被选举权。
>
> 依照法律被剥夺政治权利的人没有选举权和被选举权。

从逻辑的角度分析，我们可以把该条款的第一段理解为对“有选举权和被选举权”的一般性规定，第二段是该一般性规定的一个例外，也就是说该条款表达的是法律效果相矛盾的两条规范。对于一个具体的主体而言，只要他（她）满足“中华人民共和国公民”“年满十八周岁”，则可一般性地逻辑推出他（她）享有选举和被选举的权力的结论，至于民族、种族、性别、职业、家庭出身、宗教信仰、教育程度、财产状况和居住期限等属性的附加，并不构成其享有相应权利的否定条件。但是，根据第二段的规定，如果进一步确认了该主体“依照法律被剥夺政治权利”的事实成立，则原有结论就不再成立。也就是说，在司法过程中，不仅要充分论证适用特定规范的法律事实，还要论证可能存在的构成例外的法律事实。问题的复杂性在于对于前者而言，往往是缺省性地展开，即假定并不存在构成例外的事实，而后者往往以对前者的质疑或反驳的形式展开。司法三段论刻画的通常是单主体、静态的、基于一致性前提的论证过程，而司法过程通常表现为多主体间的、动态的、基于不一致前提的论辩过程。此为司法三段论不能充分刻画司法过程的逻辑基础。

我们通常把法律推理所具有的这种属性称为“可废止性”。可废止性理论被认为是当代法律推理研究的一个具有标志性的主要成就。[1]刻画的是法律推理的一个逻辑性质，而不是结论本身的可辩驳性，即在前提信息不充分、可能存在不一致的情况下，基于必须进行推理得出相应结论的要求，假定前提具有充分性、一致性而进行的推理，在没有提出新的前提时，该推理具有必然性和确定性，而在加入新的不一致前提时，经过比较、衡量，以构造出的新的推理废止初始作出的推理，从而相应地废止原有的结论。

法律推理可废止性的一个重要影响是能够实现证明责任的转移。法官在适用法律对一个案件进行判决时，在充分运用自己的法律知识和技能的前提下，尽可能作出合理的判决并予以论证。但不容置疑的是，诉讼当事人或相关机关完全有可能基于对相关事实情节的认定对该判决结果提出质疑或反驳。那么，支持适用该规范的一方就有义务回应这个质疑或反驳，从而实现证明责任的转移。这种回应有可能被接受，也有可能不被接受，如果不被接受则质疑者有义务提供论证。如此循环往复形成多轮的论辩，直到论辩各方在法律和论辩规则的限度内达成共识或者基于相关制度被终止。对于前面所举李昌奎案而言，在一审中，公诉机关通过当庭出示并经法庭质证、认证的证据证明被告人李昌奎作案手段特别残忍、主观恶性极深，后果特别严重，建议以故意杀人罪判处李昌奎死刑，强奸罪在3—5年内处刑。被告人李昌奎辩称系王家飞约自己回来处理感情和家人的事，并非预谋报复杀人，案发时王家飞先动手打自己，自己有自首情节，且家人代自己作了部分赔偿，请求从轻处罚；其辩护人提出李昌奎并非预谋报复杀人，且有自首情节，请求从轻处罚，即构成了对公诉方指控的反驳，那么，公诉方就有义务对此反驳进行回应。一审法官认为，虽李昌奎有自首情节，但依法不足以对其从轻处罚。那么，其应当阐明采纳公诉方回应意见的理由，或者阐明不采纳李昌奎及其辩护人反驳意见的理由。否则就是没有尽到证明责任。

三、判决书修辞的简洁性与说理透彻性的动态平衡

司法三段论无法充分刻画司法过程，但并不妨碍选择以三段论模

[1] Juan Carlos Bayón, Why Is Legal Reasoning Defeasible. In A. Soeteman (ed. by) *Pluralism and Law*, Kluwer Academic Publishers, 2001.

式作为判决书的基本结构。对于那些案件事实简单、法律规定明确，在一般意义上并不会导致误解和争议的案件的判决书，言简意赅的表达更符合修辞经济原则。就此而言，作为法律推理基本模式的三段论是不充分的，而作为法律修辞的三段论则是合理的。14 世纪，英国奥卡姆的逻辑学家威廉提出了“思维经济原则”，即“切勿浪费较多东西去做用较少的东西同样可以做好的事情”，史称奥卡姆剃刀定律（Occam's Razor，Ockham'sRazor）。事实上该原则也是判决书修辞的一项重要原则，即我们“能用较简洁的话说清的就不要说多余的话”。司法三段论之所以成为判决书的基本结构，主要在于其具有简单、直观的形式，接近人们的日常思维，即符合判决书修辞的简洁性原则。

司法三段论之所以能够成为判决书的一种修辞形式，是因为“法律说服之所以是可能的，就在于理性的存在”❶，而逻辑被视为最基本的理性形式，符合逻辑是最强的修辞。❷“逻辑方法与形式迎合了人们渴望确定性和存在于每一个人心灵中的恬静感受。”❸ 这种心灵的满足感是人们真心而不是基于法律的威慑接受司法裁判结果的重要条件，也在潜移默化地培植着人们对法律的忠诚和信仰。

那种批判我国判决书“判决书公式化，判决理由普遍过于简单，缺少甚至没有法律论证和推理”❹ 的观点显然没有正确认识到司法三段论修辞与逻辑的性质，认为判决书是裁判过程的记录，当如实、详尽地反映影响司法裁判的每一个细节和要素，尤其是法官认定法律事实，发现、解释法律规定，并据以作出裁判结果的法律推理、论证过程。事实上，作为司法改革的一项重要内容，近年来我国的判决书写作风格已有了很大改变，甚至表现出越来越烦琐的另一种极端倾向，即说理越细致越好，所依据的学理、法理越深刻越好，所实现的情理、

---

❶ 葛洪义：《法与实践理性》，中国政法大学出版社 2002 年版，第 30 页。

❷ “逻辑是修辞，是最具说服力的一种修辞；修辞也是逻辑，是在无法直接进行演绎推理时所备选的逻辑。其目的都在于提高法律推理结论的可接受性。”详细论述参见张传新：“法律修辞与逻辑”，载《求是学刊》2012 年第 3 期。另外从语源学上讲，也反映了逻辑、修辞、说理之间的密切关系。汉语中“逻辑”一词是英文 logic 一词的音译，日本学者用汉字把 logic 意译为论理学论理指议论、论证的条理。孙中山先生把 logic 意译为理则学，所谓理则即“思想之门径”“诸学之规则”。参见《逻辑学》，中国人民大学出版社 2014 年版，第 5 页。

❸ ［美］斯蒂文·J. 伯顿：《法律的道路及其影响》，张芝梅、陈绪刚译，北京大学出版社 2005 年版，第 3 页。

❹ 苏立：“判决书的背后”，载《法学研究》2001 年第 3 期。

价值越丰富越好。这固然与我们过分讲究实质法治，企图以积极、能动的思维突破形式法治的机械、僵化的法律政策有关，但我们认为还有一个原因在于混淆了判决书说理的透彻性和判决书表达的简洁性之间的关系。

只有当我们把司法三段论定位于一种修辞而非真正的论证时，才能发现当前判决书存在的问题并不是太简单，而是修辞与说理的背离。“正义不但要实现，而且要以看得见的方式实现。”[1] 此法谚所强调的是看得见的方式对于实现正义的重要性，但也意味着实现正义的目标与实现正义的方式存在背离的可能。判决书作为司法裁判过程的重要呈现形式，一方面它要讲法说理，通过对裁判过程及结论合法、正当性的论证，实现对当事人及普遍民众的说服；另一方面判决书对裁判思维过程的描述又是当事人及普遍民众分析、评价法官思维的重要依据，趋利避害的本能会反过来影响法官对案件的审判及判决书的制作。我们可以将裁判思维过程本身称为判决书的说理，而将该过程的表达称为判决书的修辞。从宽泛的意义讲，判决书的说理与判决书的修辞的主要目标是一致的，都在于增强司法裁断的可接受性。然而，究其具体的内容和表现形式而言则可能是不一致的。判决书的说理重在确立司法判决的理由根据，包括对案件事实的认定和对法律规范的解释、适用，并根据该理由推断相应的裁判结果，英美法系的法学家通常把该过程称为法律推理。法律修辞在于确定哪些法律推理要素能够或需要在判决书中得以表达，哪些要素不能或无需表达，以及如何表达的问题。二者存在分歧与对立的可能性就在于法律判断的作出过程与对该法律判断的表述并不必然是完全吻合的，一些在司法判决过程中起决定性作用的要素，基于某种利益、观念、政治政策等的衡量往往被认为是不能或者无需表达的。因此，法律修辞更像一种包装艺术，其所表达出的法律理由即所说的理，更像露出水面的冰峰，而更重要的、决定冰山走向的部分却被埋没于海平面之下。这类不一致通常可表现为两种类型：一类是有多个理由皆可支撑所得出的结论，司法决策过程中，基于理由 A1 得出结论 C，但在判决书中却表达为理由 A2。虽

[1] 该法律格言翻译自“Justice may not be done，but it must seem to be done.”有人认为，更确切的翻译应该是“正义可能没被实现，但必须是看起来像是已经实现了”。

然 A2 看起来也冠冕堂皇，而背后却可能包藏祸心。另一类是多个辅助性理由 A1，A2……共同构成得出结论的决定性理由，在判决书中却只表达其中的一部分理由，另外一部分被隐含的理由可能并不被普遍的接受，从而使判决书的说理看起来有些强词夺理。事实上，由于判决书说理与修辞的背离，人们越来越把判决书的修辞视为一种包装，而真正的法律推理过程则被掩盖起来。美国法官兼法学家波斯纳认为，“司法慎思之隐秘性是职业神秘化的一个例子。像法律和医学这些职业，外人很难理解和评估它们提供的关键服务。职业人喜欢这样，因为这有助于维系他们的特权地位。但他们知道，这必须克服外人的不信任；因此，他们开发了一种神秘，不仅夸大职业的技能，而且夸大该职业的非私利。法官一直都这么做，上千年了，也很擅长，太擅长了，以至于他们的法律同行，包括法律教授和从业律师，理解他们也有一定难度。法官已经然很多人——包括他们自身——信服了：他们用深奥的材料和技巧无私地建造了一座不为任性、政治或无知玷污的教义大厦。”❶

四、当下判决书的缺失——法律推理的隐含假设和理念

尽管我们可以从理论上为法律修辞作一个简单的分类，即对于简单案件仅需按照三段论模式表述案件事实和法律规定，甚至径直给出裁判结果，只有制作复杂案件的判决书时才需详细论述裁判的理由。我们一直视为学习对象的英美法系国家的判决书也并非都为鸿篇巨制，事无巨细地阐述法律思维的每一个细节。例如，美国基层法院的判决书只要求表达裁判的结论，只有例外的情况下才需写明裁判理由。但是，这样的理论描述并不能为实际的操作提供有效的指导和规范，因为很多似乎简单的案件只有基于听众的反馈才成为了复杂案件，法官认为无需言明之处反而成为争议的热点。所以，在判决书说理的透彻性和修辞的简洁性之间寻找恰当的平衡并不是一件简单的事情。事实上，我们并不能为法律修辞的简繁人为地设立抽象的标准，而只能在判决修辞的简洁性与说理透彻性之间追求一种动态的平衡。判决结果

❶ ［美］理查德·A. 波斯纳：《法官如何思考》，苏立译，北京大学出版社 2009 年版，第 3 页。

虽然表面上是由作为法律推理大前提的案件事实和法律规定演绎推出的，但这些前提的确定却涉及更复杂的因素，当由这些因素是否存在争议性决定判决书的简繁，而非何种写作风格具有必然的优越性。

如同所有的实践推理一样，法律推理并不仅是逻辑演绎的过程，而是具有复杂的思维结构。甚至法律规范的解释和选择，法律事实的建构也往往由各种实质要素所决定，“法院判决时所面对的实际情况不是在真空中，而是在一套现行的法规的运作中出现的……在这种运作中，根据实际情况而作的各种考虑，都可以被看作支持判决的理由。这些考虑是广泛的，包括各种各样的个人和社会的利益，社会的和政治的目的，以及道德和正义的标准”。[1] 这些实质要素作为认知前见或预设参与推理过程，但它们通常以隐含、默示的方式存在，只有对思维要素的分析，将这些隐而不显的要素显现出来才能更好地表达和理解推理是如何发生的。“只要你进行推理，你就是在某种情况下，带着某种目的，运用一定的观点和概念，根据一些原因、信息和假设来作出富有含义和价值的推论，以达到解决问题的目的。”[2] 因此，一个现实的推理不仅是由前提、结论以及二者之间的逻辑关系所决定，还包含着目的、理念、假设、含义后果、问题、信息、推论判断、概念理论等思维要素，它们或作用于我们对推理前提的理解，或以结果导向的方式影响推理的过程。在制作判决书时，为避免说理的简单化，真正做到以理服人，就必须对那些可能存在争议的相关因素表达清楚。其中推理的隐含假设和背后理念尤为重要。所谓假设，是指那些直接参与推理过程但并不予以表达的推理前提。假设被推理者视为当然而无需言明，但面向的听众也许并不如此认为，当假设被质疑时，推理的前提集合不能构成结论的充分条件，从而使结论失去必然性。所谓理念，是指选择和解释推理前提的理由和根据，它们并不直接参与推理过程，而是通过影响推理前提是否成立决定结论是否被接受。

在曾经引起广泛争议的彭宇人身损害赔偿纠纷案一审中，在论证认定原告系与被告相撞后受伤的理由时，判决书多次提到了所谓的日

---

[1] ［英］哈特：“法律推理问题”，刘星译，载《法学译丛》1991 年第 5 期。

[2] ［美］理查德·保罗、琳达·埃尔德：《批判性思维》，乔苒、徐笑春译，新星出版社 2006 年版，第 59 页。

常经验和情理：❶

> 原告认为是先行垫付的赔偿款，被告认为是借款。根据日常生活经验，原、被告素不认识，一般不会贸然借款，即便如被告所称为借款，在有承担事故责任之虞时，也应请公交站台上无利害关系的其他人证明，或者向原告亲属说明情况后索取借条（或说明）等书面材料。但是被告在本案中并未存在上述情况，而且在原告家属陪同前往医院的情况下，由其借款给原告的可能性不大；而如果撞伤他人，则最符合情理的做法是先行垫付款项。被告证人证明原、被告双方到派出所处理本次事故，从该事实也可以推定出原告当时即以为是被被告撞倒而非被他人撞倒，在此情况下被告予以借款更不可能。综合以上事实及分析，可以认定该款并非借款，而应为赔偿款。

对于该案很多法学家指出，根据谁主张谁举证的原则，原告应当为其诉讼请求提供证据，当不能举证时，法院应当驳回其诉讼请求。然而事实上，很多类似案件并不容易得到充分证据的证明，当我们为被告可能做好事却被冤枉而担心道德伦理受到冲击时，有没有想到原告被撞受伤又得不到相应赔偿的可能？很显然在案件事实不清的情况下，以上两种可能皆可能存在。我们认为，本案法官的可贵之处，也是可争议之处就在于在案件事实前提不清的情况下，企图通过引入所谓的日常生活经验和情理给出一个更富实质正义的结论。问题是其所谓的日常经验和情理的证立必须存在一个“自私人性”的隐含假设。根据霍姆斯的“坏人”理论，“倘若你们想了解法律，而不是别的什么，你们得以一个坏人的眼光看待它，坏人仅仅关心这一法律知识能作出预计的具体后果”❷。根据该理论，法律就是为坏人预测自己的行为后果而制定的，而事实上，每一个不想招惹法律麻烦的人在决定自己的行为时，首先就应当考虑到可能的法律后果是什么。该假设已经成为西方法律、政治、经济制度等设计的理论起点。这一点显然与我国传统文化“人性善”的传统观念是截然对立的。问题是我国现代的

---

❶ 南京市鼓楼区人民法院民事判决书〔2007〕鼓民一初字第212号。

❷ 转引自［美］斯蒂文·J. 伯顿：《法律的道路及其影响》，张芝梅、陈绪刚译，北京大学出版社2005年版，第53页。

法律制度很大程度上移植于西方，并以这样的思想培养、塑造着法律人的思维。所以，当该案法官以其视为当然因而不证自明、无需证明的“日常经验”“情理”作为前提时，其所作推理当然不能被以中国传统文化所浸染的民众所信服。根据佩雷尔曼的修辞学理论，说话者最为有力的支持，便是心理与社会上的惯性因素，即假定在没有反证的情况下，原本所有的态度，即表现出来的意见以及所喜好的行为，因为对于一致性的期待，或是来自习惯的强制而使其在未来将会持续。在这种惯性的影响下，使我们得以依赖正常的、习惯的、实在的事物，并赋予其价值。如果要改变此惯性，则需要进行充分的论证，否则没有充分的理由不得改变。具体到该案则存在两种惯性，一是本案法官所接受的现代西方法律制度的“坏人”惯性，一是民众所接受的中国传统文化的“人性善”惯性。问题是双方皆缺乏对该惯性作为法律推理要素的清醒认识，并以此作为推理的隐含前提。因此，要真正地分析该案判决结论是否正当，就必须以批判性思维方法，揭示并论证其背后的隐含假设。

我们再回到前面提到的李昌奎强奸杀人案，决定判决结论出现差异的关键就在于对自首情节、认罪态度、对被害人家属的赔偿事实及其法律意义的认定上，一审和再审虽确认了以上事实，但并不因此视该案为一个例外，所以判李昌奎死刑，剥夺政治权利终身。而二审根据以上事实将该案视为一个例外，所以作出判处李昌奎死刑，缓期二年执行的终审判决。遗憾的是三份判决书都没有给予详细的论证。事实上，我们根本无法从以上判决书中寻找到答案，也许该案再次证明了所谓的“依法判案”——以法律规定为大前提案件事实为小前提进行法律推理的司法三段论的修辞特性，而真正决定司法判决结果的思维过程我们只能通过猜测才能管窥一二，如有网民猜测有司法腐败的因素掺杂其中，有法学专家论证认为是由我国刑事政策决定的。当这样的猜测泛滥时，司法判决的合法性和权威性便受到质疑，进而影响到民众对法律的忠诚和信仰。

第七章　法律论题学的逻辑基础

一、论题学的性质与特征

从词源学的角度讲，“论题”是一个表述空间的物理概念，其原本的含义是指物体处在一个地方，就是被它物所包围，而包围者即论题。亚里士多德借用该概念表示与特定问题相关的所有要素，意指一种并非严格因循规则，但仍值得信赖的论辩的出发点，其内容包括命题、概念或概念群。对于一个问题而言，它存在于特定的论题包围之中，我们可以通过对论题的考察，把握该问题。基于推理模式的不同，亚里士多德把推理分为以下四种形式：（a）当推理借以出发的前提为真实而原始，或者当我们对它们的知识来自原始而真实的前提时，它是一种“证明”。（b）如果推理从被普遍地接受的意见出发，它是论辩的。（c）如果推理从似乎是被普遍接受而实在并非如此的意见出发，或者它仅仅似乎是从普遍被接受或似乎普遍被接受的意见出发，进行推理，它就是“可能引起争论的”。因为并非一切似乎被普遍接受的意见都真正被普遍地接受。（d）还有一种是从属于特殊科学的前提出发的错误推理。[1] 对于（a）类的证明推理而言，因为其推理前提是真，并足以确定得出的结论也为真，因此这类推理的逻辑基础是演绎逻辑。而对于（b）类论辩推理而言，其前提只是被普遍接受的意见，因此这类推理是论题学取向的，相对于演绎推理，这类推理的特

---

[1] 在亚里士多德看来，上述（b）和（c）两种可能引起争论的推理当中，（b）才是真正值得称为“推理”，而（c）只能称为“可能引起争论的推理”，而不能称为“推理”。因为其谬误性很明显，甚至理解力很差的人也能看出来。在上述四种推理中，除去（d），以及代表着说理的辩论已经堕落成为言辞上的争执甚至是充满敌意的吵架的（c），真正有价值的只剩下证明的推理（a）和论辩推理（b）。晋荣东：《逻辑何为——中国逻辑的现代性反思》，上海古籍出版社 2005 年版，第 304 页。

点是：第一，前提的缺省性和开放性。我们一般要求通过推理得出的结论具有必然性，这就要求推理的前提是结论的充分条件，只要前提真，通过推理得出的结论也必然真。然而，对于包括法律推理在内的实践推理而言，推理的前提往往是不充分的信息，案件事实可能模糊不清，法律也存在着诸多漏洞，但是不得拒绝审判是近现代法治国家适用法律的一条通用原则，法官不允许在信息不充分的条件下拒绝对案件的审理，在这种情况下，基于论题学的推理要求尽可能地考虑各种关联论题，从中作出较合理的选择。同时，关联论题作为补充信息或前提参与论证，但关联论题总是以隐含、默示的方式存在，具有不确定性和开放性。“法院判决时所面对的实际情况不是在真空中，而是在一套现行的法规的运作中出现的……在这种运作中，根据实际情况而作的各种考虑，都可以被看作支持判决的理由。这些考虑是广泛的，包括各种各样的个人和社会的利益，社会的和政治的目的，以及道德和正义的标准。”[1] 因此，论题学思维通常包括寻找前提的环节。例如，在法学之“提问辩难”或对话论辩的过程中，参与对话的人们所讨论的问题与其说是法律推论过程本身，不如说更多是在争论、寻找、确定推论的前提（尤其是大前提）。[2] 按照现代科学哲学所揭示的，它属于发现的脉络。阿列克西认为，“论题学”一词大致可以从三个方面来解释：(1) 前提寻求之技术；(2) 有关前提属性的理论；(3) 将这种前提用于法律证立的理论。[3] 第二，推理机制的弗协调性和实质论辩性。关联论题通常是复式的，并且可供发现的关联论题通常是不一致的，根据演绎逻辑的矛盾命题蕴含一切命题的原则，当前提存在矛盾时演绎推理就会束手无策，而对于论题学推理则选择不同的关联论题作为推理的前提，从而得出不同的子结论，并对最终结论的合理性、可靠性给出具有说服力的理由，这样一个说服的过程属于论证的脉络。由于前提的开放性和推理机制的弗协调性，基于论题学

---

[1] ［英］哈特：“法律推理问题”，刘星译，载《法学译丛》1991 年第 5 期。

[2] 参见［德］罗伯特·阿列克西：《法律论证理论》，舒国滢译，中国法制出版社 2002 年，第 285～286 页。转引自舒国滢：“寻访法学的问题立场”，载《法学研究》2005 年第 3 期。

[3] ［德］罗伯特·阿列克西：《法律论证理论——作为法律证立理论的理性论辩理论》，舒国滢译，中国法制出版社 2002 年，第 25 页。

策略得出的结论是或然的，思维主体如果要求其结论具有必然性，就必须基于支持度、价值量、确信度等确定一个对子结论的评估标准，这些标准与特定领域的实质内容相联系，以外显的方式作为元规则参与论证。第三，结论的可废止性和似真性。因为与问题关联的论题总是在不断变化之中，原本得出的结论可能因论题的变化而不再成立，面对新的论题，旧的结论或者被废止，或者被修正，即使要保持也要在融入新的论题后被重新论证。按照马丁·克里勒的描述，在法律思维开端，有一个规范假设，它从生活事实的洪流中，截取了一部分可能在法律上重要的事实，从而使对案件事实的描述和认定成为可能，而反过来，对案件事实的认识也会影响规范假设，可见，目光首先在生活事实和规范假设间流转；另外，规范假设也和法律规范相比对，规范假设指示了到什么地方寻找法律规范，而法律规范决定规范假设是否正确或（通过论证）它能否被法秩序所包括。这种论证的问题是，如果规范假设被承认为法律规范，会有什么样的后果。所以，目光的往返流转是在两个层面发生：在生活事实和规范假设之间以及在规范假设和法律条文之间。[1] 在这两个层面的往返流转中，对生活事实的认知、规范假设、法律规范的选择导致裁判结果的可废止性。由于论题学取向的推理的实质是在相竞争的不同解决方案中作出更合理的选择，是一种在论辩中求胜的推理。因此，基于确定的论题选择得出的结论可能是必然的，但由于对论题的选择不具有必然性，因此从整体来看结论具有似真性。尽管如此，由于根据论题进行推理所得出的结论契合当时的社会价值观念和法律目的，因而在一定范围中得到了承认，或者得到了那些最睿智、最杰出人士的支持（亚里士多德语）。[2]

二、法学的论题学进路

虽然亚里士多德对论题学与演绎逻辑并没有表现出厚此薄彼的态度，但二者的命运却大相径庭，演绎逻辑逐渐成为理性主义的最重要

---

[1] ［德］马丁·克里勒：“法律获取理论”，张清波译，载 http：//www. law - star. com/bbs/cac/200066432 - 1. htm。

[2] 转引自陈林林：《裁判的进路与方法——司法论证理论导论》，中国政法大学出版社 2007 年，第 39 ~40 页。

的基石，而论题学则逐渐被人所冷落，在解释这一现象时，人们通常认为，演绎推理的结论是必然的，它能满足人们对确定性、稳定性、一致性的心理需求，而论辩推理的结论是或然的，提供的是增加说服力或者前提对结论支持度的方法，这种方法无法像演绎推理那样提供一套严格的可判定标准，而对前提的发现和选择虽然体现着经验与智慧之光，但对于一般人来说显得神秘而不可捉摸，并且其开放性、可废止性等特点，似乎无法为法学的刚性提供可靠的基础。这种认识促使人们将法律制度的确定性、稳定性、一致性建立在了演绎逻辑学的基石之上。建构概念清晰、位序适当、逻辑一致的法律公理体系，对于所有的法学家都有难以抵御的魅力。道理很简单，假如法学家能够将法律体系的各个原则、规则和概念厘定清晰，像“门捷列夫元素周期表”一样精确、直观，那么他就从根本上解决了千百年来一直困扰专业法律家的诸多法律难题。有了这张“元素周期表”，法官按图索骥，就能够确定每个法律原则、规则、概念的位序、构成元素、分量以及它们计量的方法，只要运用形式逻辑的三段论推理来适用规则、概念，就可以得出解决一切法律问题的答案。法律的适用变得像数学计算一样精确和简单。[1]

但是，这样一种愿望的实现必须满足以下几个条件或基本假设：第一，每一项具体的法律决定都是某一抽象的法律命题对某一具体“事实情景”的适用；第二，在每一具体案件中，都必定有可能通过逻辑的方法从抽象的法律命题中导出判决；第三，法律必须实际上是一个由法律命题构成的“无空隙”（gapless）的体系，至少也要如此被看待；第四，所有不能用法律术语合理分析的东西都是与法律无关的；第五，人类的所有社会行为都必须构成或者是对法律命题的“适用”或“执行”，或者是对它的“违反”，因为法律体系的“无空隙性”必然导致对所有社会行为的无空隙的“法律排序”（legal ordering）。但是，事实证明，这种认定制定法律完整无缺、法律和事实严格对应、法官如同“自动售货机”的法治观念，不过是一种幻想，一种“法律神话”。这一理论的缺陷是显而易见的，法律规则常常是模糊不清的，甚至是相互矛盾或者存在一些漏洞，因此在法律推理过程

[1] 舒国滢：“寻访法学的问题立场”，载《法学研究》2005 年第 3 期。

中往往存在实质的争辩和驳难，在这些情况下，基于演绎逻辑的形式主义法律理论的僵化和无奈就暴露无遗，使逻辑在法律中的作用日益受到挑战，法律思维中的道德和社会价值等实质性问题受到重视。也正是在这样的背景下，开始了对三段论推理模式、基于形式逻辑的法律逻辑进行严厉清算的过程，对传统法律逻辑的责难主要包括以下几个方面：（1）逻辑推理只能解决简单案件，而不能解决疑难案件。（2）法律文本的步骤言行、相互矛盾及缺漏，使推理无法进行下去，因而需要实质推理加以补充。（3）真正的法律推理实际上从来没发生过，所谓的三段论式推理的依法判案，不过是一种包装。（4）逻辑推理模式使法律出现了机械性和僵化模式。❶ 同时，法律解释、法律论证理论等逐渐成为法律方法论的显学，论辩推理的模式被重新发现。自20世纪初以来，法理学者尤其是美国的法理学者，对法院审判案件的推理方式进行了广泛而深刻的批判性研究。在这些研究中，产生了各种各样的理论，这些理论虽然可以冠之于不同的名称，如论辩推理、实质推理、非形式推理、辩证推理等，但就其本质而言都属于与演绎逻辑推理相对的论题学取向推理。“这些理论都在讨论司法判决过程中，常常模糊性地被称为‘逻辑’的东西的实际或恰当的地位，其中大多数属于怀疑论。怀疑论者试图表明，尽管表面上演绎推理和归纳推理起着重要作用，但实际上它们仅起着次要作用。一般来说，这种理论倾向于主张，虽然司法判决过程的表面特点表现为逻辑方法和逻辑形式，但这种过程的真正特点表现为‘经验’‘实质主义’或‘合理的直觉’。根据这种理论的某些变种理论，虽然演绎推理和归纳推理意义上的逻辑不起什么作用，但仍由法院在判案中确实或应当遵循的其他法律推理程序或理性标准。”❷ “法学是一门有关法律实践的社会生活关系、通过规定性陈述来进行合理与不合理、有效与无效、正确与不正确、公正与不公正判断以理解事实与规范之意义的学问。”❸ 基于此，我们可以得出结论说，论题学是比演绎逻辑体系更符合法学研究和实践的方法取向。

❶ 谢晖、陈金钊：《法理学》，高等教育出版社2005年版，第476～481页。

❷ ［英］哈特：“法律推理问题”，刘星译，载《法学译丛》1991年第5期。

❸ 舒国滢：“寻访法学的问题立场”，载《法学研究》2005年第3期。

三、法律论题学的逻辑基础

以上分析旨在表明法律推理不能在传统演绎逻辑体系中得到很好表达，但这并不表明法律可以不需要逻辑的规范，而是为其寻找新的逻辑基础，这一基础通常被称为非形式逻辑，但关于非形式逻辑是否可以被称为逻辑一直是一个存有争议的问题。一般认为，逻辑是关于思维形式有效性的理论体系，它不关心思维内容问题。这一观点预设在思维内容和思维形式之间存在着明显的区分，事实上这是对逻辑的严重误解。我们的知识及基于知识的推理是一个整体，在思维形式和思维内容之间并不存在截然的区分。对此，奎因的评论是："我们关于客观世界的陈述面临的经验认识的评判不是个别的而是一体性的。"通过经验形成假设性知识的复杂体系，如果结果是不可接受的，则必须通过对假设性知识的修正以重新获得其可接受性。修正可以在一体性知识的任意层面进行，或者是表达经验的一些陈述，或者是关于事实之间一般联系规律的认识，或者是采用不同的逻辑，甚至是评价知识可接受性的标准。引导这种调整过程的合理性标准也是一体性知识的一部分，都可能成为修正的对象。知识这个概念是相当全面、包容的，不但包括传统所认为的假设性知识，还包括我们可能的认识世界的约束条件和合理性标准。事实上，我们更倾向于修正或放弃这个复杂的一体性知识的这一部分，而坚持另一部分。其中最不倾向于修正的那部分就是关于推理有效性的理论，我们称之为"逻辑"。基于这种观点，逻辑不是传统所认为的经验知识的对立面，我们的假设性知识具有一定的连续性，从我们随时都准备加以修正的非本质性的信念，到只有存在非常强的对立证据的情况下才可能修正的牢固的信念。信念和标准都是相互联结的一体性知识的一部分，我们尽可能地使其保持"一致性"，这里一致性标准本身就是我们希望保持一致性的系统性理论的一部分。我们可以称这种一体性知识为一个"承诺集合"。逻辑属于这个承诺集合的一部分，并且是其最不愿意放弃的那部分。很明显，逻辑与该承诺集合的其他部分之间并不存在截然分明的界限。甚至也不存在为什么要在二者之间进行严格划分的根据，因为在逻辑和其他知识之间并不存在根本的不同，它们被认为是可以进行划分的

基础。❶

演绎逻辑的假定和预设曾经被认为是普遍有效的逻辑规律，甚至被认为是逻辑的本质，但随着研究对象领域的不断扩展，这些预设和假定只不过是作为数学基础的逻辑的特色，而并非永恒有效，这些被视为逻辑基本原则的假设或预设不断被修正和突破。根据奎因和哈克对逻辑修正主义的阐述，既然允许多个逻辑类型的并存，那么也就允许逻辑有新的逻辑类型的产生，甚至成为逻辑发展的主流。演绎逻辑发展的势头在1940年前后开始变弱，到20世纪60年代开始处于相对停滞状态。但是，作为一种方法和工具，逻辑学研究的对象不断地扩展，从单纯为数学研究奠定基础扩大到认知、伦理、法律、经济、人工智能等领域，人们发现，不同的对象领域体现出不同推理、论证特征和要求，传统演绎逻辑一些基本的假定和原则已不能适应或者不符合这些对象领域的需要，要求对经典逻辑理论进行修正和补充，自20世纪初以来，先后出现了一些不同于传统演绎逻辑的新的逻辑理论，它们分别从不同角度解决传统演绎逻辑的异常现象。

这些逻辑理论的发展为法律逻辑的发展开辟了新的道路，一方面，它采用了现代逻辑强大的工具，使对逻辑思维的表达、判定更加精确和深刻；另一方面，它又摆脱了传统逻辑的一些限制，使现代逻辑不只是局限于作为数学分析的工具，使其研究范围更加广泛。特别是它和人工智能理论的融合，既可以通过功能模拟的方法建立智能法律专家系统，同时，这种模拟也使人们第一次打开了神秘的法律思维的“黑匣子”，从整体和局部两个方面对法律思维进行分析和评价。自20世纪70年代，包括道义逻辑在内的现代广义模态逻辑日益成为国际上法律逻辑研究的重要领域之一。

以非经典逻辑为基础，建立法律推理和论证的广义模态框架是人工智能与法律研究者们提出的。他们企图将基于形式逻辑的框架和基于非形式逻辑的框架整合在一起，建构相应的法律论证智能逻辑模型。在人工智能与法律领域，第一个在具有对抗性质的条件下研究法律推理的也许是McCarty的（局部实现的）税收方案，其目标在于建构一个关于一些导向性的美国税法案例中持不同意见的仲裁员的论点的大

---

❶ Jaap Hage, Studies in Legal logic, Vol. 70, Springer, New York 2005. p. 5.

多数的推理路线。第一个明确定义争论与对话作用的人工智能与法律系统也许是 Rissland 和 Ashley 的 HYPO 系统，这是一个模拟运用法律案例的对抗性推理系统，它把一个法律案件中原告与被告之间的争论分为三个层面，其中的每一个争论层面都包括被告对原告主张的攻击和原告针对被告的攻击所作的防卫和反攻这样一个相互交替的过程。这一研究在 Rissland 和 Skalak 的 CABARET 方案、Aleven 和 Ashley 的 CATO 方案中得以继续，这两个方案的研究同样面临设计的难题。这些方案的主要焦点都集中在定义说服性论证的步骤，这些步骤都是一个"好的"人类律师所应当作出的。❶

对于现代广义模态逻辑的法律方法人们存在一种认识，认为它只是逻辑学家和人工智能专家感兴趣的事情，对于法律人而言似乎关系不大，至少在可靠的智能法律专家系统真正应用于法律实践之前，它是无用的。我们认为这种理解是错误的，一方面，现代广义模态法律逻辑通过对法律思维功能模拟，有助于真正揭示法律思维的结构和模式，它通过分支融合的方法引入其他影响法律判断的时态、意愿、行为、主体等因素，使人们对这些因素在法律思维中的作用和意义有了更加清晰、深刻的认识。另一方面，可废止、弗协调等推理模式被广泛地应用，从而使人们对法律推理、法律论证的逻辑特征产生更富启迪性的认识。这种方法对于直接的实践而言也许因为其过于复杂而显得价值不大，但作为理论探索工具随着研究的深入而被不断地展现出来。

相对于演绎逻辑一般只研究推理和论证的形式结构，非形式逻辑更多地着重于推理的语境等实质性要求，强调自己的非形式特征就是把自己和演绎逻辑只关注形式结构的研究区别开来。他们认为，法律推理的逻辑是一个区别于形式逻辑的完整系统。"在这个系统中，各种法律推理的方法都可以视为广义的逻辑方法，如演绎逻辑、归纳逻辑、类比逻辑、概率逻辑、模糊逻辑、辩证逻辑乃至实践理性的经验逻辑等等。"❷ 佩雷尔曼认为："逻辑不仅指形式逻辑，而主要是指价值判断。这也就是说，逻辑学已不仅是指研究思维规律的科学，不仅

---

❶ Henry Prakken and Giovanni Sartor, The Role of Logic in Computational Models of Legal Argument - a Critical Survey。http：//www. cs. uu. nl/staff/henry. html.

❷ 张保生：《法律推理的理论与方法》，中国政法大学出版社 2000 年，第 84 页。

是从形式方面去研究概念、判断和推理，而主要是研究它们的实质内容。”❶ 很显然，这里的逻辑不只是局限于一般意义上的形式逻辑，一些所谓的非逻辑法律推理实际上是指非形式逻辑法律推理。1931 年，德国逻辑学家 Scholz 在《简明逻辑史》一书中首次使用了“非形式逻辑”这一概念。图尔敏认为，“演绎有效性对于真实论证的评价来说，既不是充分条件也不是必要条件”，进而提出了他基于法律论证的评价模型——图尔敏模型。佩雷尔曼认为，形式逻辑对论证的评价是从真前提开始，但如何判定前提的真假，这已经超出形式逻辑所讨论的范围。真实论证未必都是从真前提出发的，往往只是从一致起点开始的。他们猜想主导非形式论证的理性可能来自修辞理论的原则，特别是听众的考虑与价值（一种非形式逻辑）。❷

四、形式法律逻辑与非形式法律逻辑的融合

论题学方法曾经因为演绎逻辑的强势和发达而被忽视，随着法律论证理论研究的深入而被重新发现，舒国滢教授曾设想将二者结合起来，构建“形式的法律论题学”。但他又认为这只是一种设想，真正要实现这个设想，还需要论题学与逻辑学各自发展自己的理论，使两者的分析技术均达到结合所要求的必要和充分的成熟条件。❸ 我们认为，这不再是一个设想，而是许多人已从不同的角度在做的事情，近 30 年来，广义模态逻辑、批判性思维、非形式逻辑的发展，使逻辑学不再局限于传统封闭、僵化的演绎推理模式，而是建立了许多开放的、多主体的、动态的、弗协调的、非单调的论证框架，这些研究对于探索法律内在的逻辑机制和方法具有相当的建设性意义。而论题学这门古老的技艺凭借现代逻辑的强大工具会迸发出更大的活力。

当代法学对论题学的重新发现具有重要的方法论意义，但是把论题学建立在否定演绎推理方法的基础之上，把二者对立起来的做法是对逻辑学的误解。实际上，论题学理论与当代逻辑的发展有许多耦合，如批判性思维所讲的基本的思维技能就包括：（1）解释，包括范畴归

---

❶ 转引自沈宗灵：《现代西方法理学》，北京大学出版社 1992 年，第 451 页。

❷ 熊明辉：“非形式逻辑的对象及其发展趋势”，载《中山大学学报》（社会科学版）2006 年第 2 期。

❸ 舒国滢：“寻访法学的问题立场”，载《法学研究》2005 年第 3 期。

类、解读意义、澄清含义等。（2）分析，包括审查理念、发现论证、分析论证等。（3）评估，包括评估主张、评估前提、评估论证等。（4）推论。包括寻求证据，推测选择、得出结论等。（5）说明。包括陈述结果、证明程序的正当性、呈示论证等。（6）自我校准。包括自我审查、自我校准等。这些方法涉及发现的脉络和论证的脉络等，实际上完全可以理解为对论题学的同一主题不同视角的论述。而可废止规范推理框架可以理解为是基于问题的形式思维的刻画。其基本思路是：首先，就可能的论题提出最大的交集，作为讨论的平台和基本的前提（这一点可以比较罗可辛所说的问题性思考的第一阶段，即“任意地选出或多或少带有偶然性的各种观点，尝试性地把它们拿出来”）。其次，每一个不同的一致知识集可以作为补充前提，形成不一致的扩张（这应该理解为是第二个阶段，就一定的问题，预先形成各种观点的目录，即 topoi 目录，按照这个目录探求问题的解决）。最后，对不同的扩张进行审查，形成结论。假如一个可废止理论只有一个扩张，那么，就只会有一个结论，如果有不同的扩张，就会有不同的结论，对此可以有两种不同的策略：任意扩张都可作为最终的结论，这是一种轻信的策略；各种不一致策略的最大交集作为最终的结论，这是一种谨慎的策略。因为每一种结论都是基于基本前提和补充前提演绎推出的，所以结论的不一致的本质在于补充前提的不一致，因此这种解决方案依赖于两点：一是，补充前提及可废止规则的优先关系的确定，这不是逻辑所能解决的，而应该由主体以外显的方式予以明确，如法律价值、原则的优先关系。二是，论证程序的基本规则，一个正确的论证必须遵守三个体系的规则：（1）法律规则；（2）逻辑规则；（3）程序规则。当根据法律规则、逻辑规则无法确定最终结论时，论证必须按照程序规则进行，如主张者履行论证责任规则，论证终止规则等。

近年来，把论题学取向的论辩推理和演绎逻辑推理结合起来构建较完整的法律论辩框架已取得了不少的研究成果，例如，普拉肯以非形式逻辑建构的法律论证体系本身就包含四个层面[1]：第一，逻辑层

[1] 首先对前三个层面进行结合的讨论是（Prakken，1995）。（Brewka and Gordon，1994）对第一和第三个层面进行了讨论，（Prakken，1997）增加了第四个层面，（Sartor，1997）也进行了讨论。

面，它界定论证是什么，也就是说，一系列信息如何被组织起来以对于某一个主张提供基本的支持。第二，论辩层面，集中讨论冲突的论证：它界定这样一些概念：如“抗辩”“攻击”“辩驳”和“击败”等，它也确定给定的一个论证的集合和评估标准，以决定哪一个论证成立。第三，程序层面，它规范论证如何进行，也就是说，论证主体如何提出或者挑战一条新的信息以及陈述一个论证。程序层面区别于前两个层面的关键点在于，其他的层面假定存在一个固定的前提集，而在程序层面前提集是在论辩的过程中被动态地建构的，这一点也适用于发现的层面，即第四，策略层面或者直观推断的层面，它为一个争论能够在一个第三层面的程序的进行提供理性的方法。[1] 在这四个层面中，只有逻辑层面的演绎推理方式被经典逻辑看作有效的推理模式，而论辩层面和程序层面则包括一些论题学取向的约定的非形式化的规则，策略层面或直观推断层面运用了大量的在演绎逻辑中被视为无效的推理模式，如溯因推理、似真推理等。我们认为，逻辑对于理性认识的作用之一就在于其能够为正确的推理提供明确的、严格的判定标准，而非形式逻辑则提供一些合情论证的方法，使前提对结论有一定的支持和评估。

根据以上分析我们认为，论题学实质是以问题的论辩思维框架为基础，它与演绎逻辑不是替代或竞争的关系，而是相互补充的合作关系。“所有的论证都是向形式分析开放的，同样也是向非形式逻辑开放的。前者是关于论证的有效性的，后者是关于前提的可接受性的。”并且，按照 Arend Soeteman 的观点，“或者这样一个论证可以通过增加一个可以接受的前提使其形式有效，或者不能。如果能使其有效，最好的事情就是增加这样一个可以接受的前提并使其保持形式逻辑的有效。如果一个论证不能通过增加一个前提而使其形式有效，那么，它就应该作为无效的论证而被抛弃”。因此，非形式论证完全可以发展成为演绎论证，且由于法律结论对于当事人的严肃性，法律论证也应该建立在这样一个演绎论证的基础之上。

---

[1] Henry Prakken and Giovanni Sartor, The Role of Logic in Computational Models of Legal Argument – a Critical Survey, http://www.cs.uu.nl/staff/henry.html.

第八章　民间法作为司法调解规则的论证模式

一、作为法源的民间法的观点及其问题

在现有的民间法研究中，通常把民间法视为国家法的一种补充，也就是除制定法之外的非正式法源。例如，谢晖教授在论及民间规则与司法能动的关系时，认为“民间规则是这种能动司法的最重要的规范前提和依凭”。并且将民间规则进入司法的条件分为两类：“一是在法律有漏洞时；二是当法律调整不能时。”谢晖教授认为，民间规则进入司法所扮演的角色主要是充当法律推理的大前提。这一点从其对这两个条件的进一步分析中得到印证。当存在法律漏洞时，“民间规则构成最重要的填充法律漏洞的材料和方式”。而当存在法律调整不能时，基本的救济方法就是事实替代，“所谓事实替代是指在个案处理过程中，当法律调整不能时，法官根据与个案紧密相关的社会事实替代现有的法律规范。要让一种案件事实，替代现有的法律规范，必须从现有的案件事实中提炼、升华出能够替代现行法律的规则。因为事实本身并不构成规则，法官只能在案件事实本身的内在规定性、既有的民间规范，或者通过双方当事人的协商、通过其他社会主体的交涉等进行总结，提炼可替代的规则。在此意义上，所谓事实替代仍然是、并且只能是用（社会）规范替代（法律）规范，所以称它为‘规范替代’也未尝不可”❶。

基于这样一种观点的理论架构的优点是可以通过学理的系统研究和实践的积淀，使一些积极的民间规则得以制度化，甚至通过特定的程序上升为国家法的一部分，至少成为某个领域中具有普遍意义的裁

---

❶ 谢晖：“论民间规则与司法能动”，载《学习与探索》2010 年第 5 期。

判规则，从而在促进司法的法律效果和社会效果的前提下，保证裁判的合法正当性。然而，当我们把民间法视为一种法源时，以下问题的处理是难以回避的。

首先，民间法的合法性问题。因为民间法不同于正式的国家法，并没有通过正式或非正式的“授权”产生，因而并不具有国家法律的合法地位。尤其是作为法律规范的替代规范时，必然导致与相关的法律规范的冲突，把民间法作为裁判的依据必然导致对法治理念的背离，尤其是在我们这样一个法制尚不健全，民众对法律的忠诚和信仰依然比较脆弱的情况下，更容易削弱法律本身的权威性。同时也可能为败诉方不接受裁判结果或者虽一时接受裁判结果但之后出现反悔提供口实，从而增加司法、执法的成本。谢晖教授列举了民间规则作为司法能动前提的五种情形：“其一，法律虽然赋予其法源地位，但没有规定其是否适用于司法或明确规定其适用范围的情形。其二，尽管没有规定其法源地位，但在一定时空范围内规定了其作用的情形。其三，法律上既没有肯定也没有否定其法源地位的情形。其四，法律上否定其法源地位，并排除其在司法上的适用的情形。其五，因当法律调整不能，用其替代国家法的情形。”[1] 需要指出的是，迄今为止我国并没有赋予习惯或民间规则以法源的效力。

其次，民间法的确定性问题。民间法既包括合乎理性，具有合理、正当意义的行为、价值标准，也包括并不合乎理性，是长期约定俗成的陋习或潜规则。只有具有合理正当性的民间规则才能成为法源。然而，由于合理、正当性本身就是抽象的价值评价，当涉及现实的权益之争时，基于不同的价值立场，诉讼当事人对于什么是积极的民间法、什么是消极的民间法往往产生争议。我们说法律规则存在的重要意义之一就在于其具有相对的确定性，“实定法体系，尤其是一个现代国家的法律体系，都内含着一个冲动，即将宽泛的行动原则具体化为相对稳定、明确、细致和可以客观地加以理解的规则形式，并提供一个应用于人际间的可信赖的和可接受的程序，以使得这些规则付诸实施。在私人之间发生纠纷的案例中，或社会秩序和正义观念要求公共机构去实施管辖以确保规则得到遵守时，这一程序的作用尤其明显。非经

---

[1] 谢晖：“论民间规则与司法能动”，载《学习与探索》2010 年第 5 期。

这种方式，那些规则可能不会被自愿遵循。在这些情势中，私人申诉者或者公共执法者必须就实际发生的事实提出一些主张，并努力表明它们立基于何种与所提出的事实相关的规则，以及根据这些事实将如何欲求法律进行干预。因此，在‘法治’观念下强调尊重法律合理性的现代法律模式内，适用规则的逻辑就成为法律的核心逻辑”❶。尽管法律规则本身也可能存在着一定的模糊性，但鉴于不断成熟的立法技术和严格的制定程序，相对于普遍处于自发原始状态的民间规则，往往具有不可比拟的确定性，这种确定性也为司法的运行提供了一定的可操作性和明确的评价标准。

最后，民间法的操作性问题。民间法是建立在一定民族和国家之中的、是国家和民族文化的共有组成部分，是千差万别的。因此民间法受到族群、地域等因素的限制，民间法具有族群、地域性，就不可避免导致不同族群、地区民间法之间的冲突。当存在两个或多个可以适用而又相互冲突的民间规则时，如何选择缺乏明确的标准。事实上，由于民间规则本身的复杂性和零散性，导致民间规则之间相互交错、重叠、冲突的情况要比法律规范的类似情况复杂得多，从而也为如何在司法过程中民间法的选择造成了不小的困难。

综上所述，我们说无论是把民间法视为国家法的补充还是替代都存在着法理和实践中的困难。在法理上民间法的适用必然消解国家法的权威性和确定性，在实务中因为自身的繁杂而难以操作。事实上我们完全可以采用另外一种策略，在保证法律效果和社会效果的前提下发挥民间法息讼止争的功能。这种策略就是把民间法视为法律论证的推导规则或评价标准，而非论证的前提或依据。

二、作为论证规则的民间法

司法是一个说理的过程，在探明事实的基础上，通过适用相关的法律规范作出相应的裁判结果。随着实践的检验和学理的探究，那种把法律理解为具有完全性和一致性的体系观点越来越站不住脚了。大家形成的一个基本的观点是把司法过程理解为一个通过论辩达成共识

---

❶ ［英］尼尔·麦克米克：《法律推理与法律理论》，姜峰译，法律出版社2005年版，前言第2页。

意见的过程。而要达成共识，就必须有一个理性对话的平台，这个平台有赖于一系列规则和标准。众多学者认为，一个法律论证本身包含以下四个层面❶：第一，逻辑层面，它界定论证是什么，也就是说一系列信息如何被组织起来以对于某一个主张提供基本的支持。第二，论辩层面，集中讨论冲突的论证。它界定这样一些概念：如“抗辩”“攻击”“辩驳”和“击败”等，它也确定给定的一个论证的集合和评估标准，以决定哪一个论证成立。第三，程序层面，它规范论证如何进行，也就是论证主体如何提出或者挑战一条新的信息以及陈述一个论证。程序层面区别于前两个层面的关键点在于，其他的层面假定存在一个固定的前提集，而在程序层面前提集是在论辩的过程中被动态的建构的，这一点也适用于发现的层面，即第四，策略层面或者直观推断的层面，它为一个争论能够在一个第三层面的程序的进行提供理性的方法。❷ 在这四个层面中，虽然只有逻辑层面的演绎推理方式是被经典逻辑看作有效的推理模式，而论辩层面和程序层面则包括一些论题学取向的约定的实质规则，策略层面或直观推断层面运用了大量的在演绎逻辑中被视为无效的推理模式，如溯因推理、似真推理等，这些推理模式都可以归结为合情推理的一种形式，这里“合情”的意思可以理解为“合乎常识、常理和常情”等。而民间规则可以被视为合乎常识、常理、常情的行为准则和价值标准。适用民间法的推理不同于适用国家法的演绎推理，即以法律规定为大前提、以认定的案件事实为小前提，通过演绎推理（主要模式为司法三段论）得出一个裁判结果。我们说适用民间法的论证模式主要表现为一个讲情说理的过程，其基本的论证模式是合情推理。因为并不存在或者不适用一个明确的规范前提集，因此该推理模式并不是一个演绎推理的过程，而是“摆事实、讲道理”的说服过程。所摆的事实当然构成该过程的一个前提集合，而所讲的道理并不是“从现有的案件事实中提炼、升华出

---

❶ 首先对前三个层面进行结合的讨论是（Prakken，1995）。（Brewka and Gordon，1994）对第一和第三个层面进行了讨论，（Prakken，1997）增加了第四个层面，（Sartor，1997）也进行了讨论。

❷ Henry Prakken and Giovanni Sartor，The Role of Logic in Computational Models of Legal Argument - a Critical Survey，http：//www. cs. uu. nl/staff/henry. html.

能够替代现行法律的规则”❶，而是其采用的论证模式合乎情理，其结论具有一定的可接受性，不接受该结论就意味着不讲道理。关于这一点我们可以通过对下面的一个案例的分析予以解释。

田成有、李懿雄在《乡土社会民间法与基层法官解决纠纷的策略》一文中例举了下面一个案例：

> 原告Q诉被告W人身损害赔偿纠纷案：经审理查明，原告Q家耕地被被告W的耕牛践踏毁坏，于是原告Q当即牵回耕牛并拴在自家院里。被告W到原告Q家索要耕牛，未与原告达成赔偿协议，并由此发生争吵打架。被告W手持木柴将原告Q头部打伤，后经邻居劝阻回家。原告即被送到该市第二人民医院检查诊断为“颅内损伤”，住院治疗17天，又在家休养三个多月。造成医疗费、护理费、营养费、交通费等损失共计2376.6元。原告Q两年内多次到乡派出所、村委会、司法所反映要求解决无果，两家矛盾越积越深，在村里影响很大。在审理过程中，被告委托代理人A律师提出原告Q的起诉已过诉讼时效一年的规定，法庭应判决驳回原告的诉讼请求。经审查原告Q起诉确已过一年的时效期限，也无时效中断、中止、延长的事由出现，应依法判决驳回原告Q的诉讼请求。但鉴于此案被告W在村里影响不好，原告Q合法权益确需维护，和起到教育被告，惩戒打架行为人的目的，合议庭决议由法庭主持调解，但被告W坚决不同意。后通过给被告施压，与律师A共同努力，被告W和原告Q最后同意在调解书上签字：由被告W一次性付给原告500元人民币作为赔偿。

作者在分析被告何以接受该裁判结果的原因时，认为“是出于两个原因使被告W相信法律的威慑力：(1) 律师是法院的熟人，所以律师更倾向法院的立场，本案中的律师更多的从人情上说服被告W；(2) 被告W在法官与律师之间的选择上更倾向法官，更相信法官的话”。❷ 我们认为该理由有些牵强，至少是不充分的。因为既然被告在诉讼过程中已经知道该案已过诉讼时效，法律并不支持原告的诉讼请

---

❶ 谢晖：“论民间规则与司法能动”，载《学习与探索》2010年第5期。

❷ 田成有、李懿雄：“乡土社会民间法与基层法官解决纠纷的策略”，载《现代法学》2002年第1期。

求，所以，即使他坚持不接受该裁判结果，法律本身并不会把他怎么样。并且如文中表述，仅说明律师是法院的熟人，被告与律师和法官的关系怎样并不明确。假设先前的关系不错，基于这次“威慑”，律师和法官并没有偏向他，因此关系也可能搞僵，进而使“威慑”无效。更何况对于今后是否还会与法院“打交道”也存在极大的不可预测性。因此，我们推断被告之所以接受该结果应当另有原因：一个是自身就感到理亏，另一个是假设不接受该结果可能会累及自己的名声，影响其之后在村子里的生活。因此，在整个调解的过程中，与其说是民间规则充当了裁决的大前提，不如说是论辩的规则，即所谓的动之以情，晓之以理。对于被告而言，自家的牛将原告的耕地践踏毁坏已经是理亏在先，自己不但未向原告赔礼道歉，而且殴打原告使其受伤更是无理。“理”在这里成为合情论证的一个推导规则，基于该理和以上事实可以推出被告应当道歉和赔偿的结论。而如果不接受该结果可能会累及自己的名声，从而增加将来生活的成本。这又是一个基于效益成本运算的论证，成为说服被告接受调解结果的一个衡量标准。对于原告而言，因为根据法律规定，自己提起的诉讼已超过诉讼时效，如果不接受该调解结果，则自己提出的要求被告道歉和赔偿的诉讼请求并不能如愿以偿，反而有可能激化矛盾，也会增加将来生活的成本。因此，这也是一个基于效益成本运算的论证，成为说服原告接受该调解结果的一个衡量标准。纵观整个调解过程，所谓的“理”和“情”都是一个非常模糊的概念，尽管我们也可以把讲理说情视为调解的一个大前提，倒不如说是理性论辩的一个调节机制或规则标准。而追求利益最大化更是经济人理论的一个基本假定。基于这些规则的普遍接受性，该调解结果获得了较大的正当性。即使当事人事后反悔，也不能说法官枉法裁断，只能说该论证模式无效。

三、民间法作为司法调解规则的论证模式

基于民间法并不具有法律规范的合法地位，因此我们仅仅把它们视为合乎常识、常理、常情的行为准则和价值标准。这就使得其适用范围和条件受到了严格的限制。

就其适用范围而言，主要是用于对民事纠纷的调解。民事纠纷通常产生于亲朋好友等主体之间，这主要是因为两个方面的原因：第一，

亲朋好友之间存在的密切关系通常为发生特定民事关系的正相关条件，亲朋好友之间彼此的了解，共同的利益诉求、价值偏好，甚至仅仅是日常生活中更多的接触和合作机会，都使他们相互之间更容易产生共识，发生合伙、借贷等民事行为。第二，我国传统上是一个熟人社会，相对稳定的关系使不同主体间存在着一定的信任，维持社会秩序的通常是“面子”，而不是白纸黑字的合同契约，因此，一旦产生利益争执冲突，“面子”被撕破的时候，产生法律纠纷的概率就会比较大。由于这类案件通常缺乏严格的明定是非的证据，或者截然分明的是非对错，依据法律进行判决的难度可能就比较大。并且，即使作出了判决社会效果也不会太好，因为可能更加彻底地撕破了赖以维护彼此之间和谐关系的“面子”，特别是考虑到这些人今后大部分还要生活在一个共同的社区、团队、家庭之中，“无情的”判决甚至可能激化矛盾。对于这样的判决表面上看可能是彰显了法律，却背离了法律息讼止争的根本目标，因此对于这类案件我国鼓励使用调解。法院调解是我国一项重要的诉讼制度，是当事人用于协商解决纠纷、结束诉讼、维护自己的合法权益，审结民事案件、经济纠纷案件的制度。适当的诉讼调解能够节约诉讼成本，提高审判效率，减少双方当事人的对立矛盾。即使经调解不能达成协议的，也为以后的服判息诉奠定了一定的基础，实现法律效果和社会效果的统一。

就其使用条件而言，主要是把握好三个原则：自愿原则；合法原则，其中包括程序上合法和实体上合法两方面；协商一致原则。《中华人民共和国民事诉讼法》第85条规定：“人民法院审理民事案件，根据当事人自愿原则，在事实清楚的基础上，分清是非，进行调解。”第88条规定：“调解达成协议，必须双方自愿，不得强迫。调解协议的内容不得违反法律规定。”法官作为调解的主持者，要获得当事人双方的理解和认同，实现调解结果的双赢，不仅要熟知法律，还要掌握一定的调解方法和技巧，提高调解的质量和调解技巧。这种方法和技巧主要是把理说透讲清，增强调解结论的可接受性。

合情推理（Plausible Reasoning）是从不完善的前提得出有用结论的推理。这种推理的特点是：第一，合情推理是知识缺乏的推理。推理是从已知获得未知知识的思维过程。我们在获得所有相关信息的基础上进行推理当然是最理想的。在完备信息基础上的决策更可能是好的决策。但是，日常生活中要作出的大量决策，无论是个人的或是公共的，在通常的情况下，却难以获得决策赖以作出的完备信息，而我们往往又不能等到获得全部相关信息后再进行决策。因此，人们不得不在信息不完备的情况下作出决策。决策显然依赖于推理或论证。这时，我们进行的推理就是一种知识缺乏的推理。该特点说明了适用民间法时为什么要遵循自愿原则以及选择民间法的原因，因为这时存在着法律漏洞或者法律调整不能的情形，据此作出的结论缺乏法律的依据，而民间法所蕴含的常识、常情、常理保证了该结论具有了一定的可接受性。第二，合情推理具有非单调性。合情推理在很大程度上是根据常识的推理，但常识具有不确定性，允许例外，是尚无理论依据或充分验证的经验性知识。而且，常识往往对环境有较强的依赖性，非单调性正由此而生。一个有效的演绎推理是单调的，因为，即使增加新的前提也不会改变推理有效的性质，也不会影响已得到的结论。但是，在合情推理中，前提的增加或新信息的出现，不仅可以改变推理的合情性，也可能导致对结论的修改或否定。[1] 这一点说明了司法调解时要借助于民间规则的原因，因为民间规则为该过程提供了一个具有共识性的规则或标准，基于这些规则和标准，通过协商一致才能达成一个大家都能接受的结果。第三，合情推理是一种较弱的推理。因为信息的缺失无法进行演绎推理，所以，合情论证得出的结论具有可废止性，即使得出的结论因为没有充分条件的支持，也往往存在着可能的反驳。这一点说明了适用民间法的论证主要是一个说服的过程。在日常言谈论辩中，因为对于作出的结论并不一定要求具有百分之百的必然性，只要动之以情，晓之以理，使论证具有一定的说服力，那么结论就会具有一定的可接受性。并且，由于日常思维的模糊性、不确定性，甚至合情推理比严格的演绎推理更具有可使用性。但是，在法律诉讼中，一项判决可能影响到当事人直接的社会、经济利益，甚至是生命自由权利。所以，对于作出的判决必须具有一定的“刚性”，因此，对于合情推理能否应用于诉讼论证之中是存在争议的。我们的意见是，从理论上对合情推理的使用实际上是一种策略选择，即在既不能拒绝审理，又不能按照演绎推理的模式作出判决的情况下，不得

[1] 武宏志、刘春杰主编：《批判性思维》，陕西人民出版社 2005 年版，第 168 页。

已而作出的选择。从实际使用的效果看，合情推理虽不能明定是非，但能够根据一般人所接受的常识、情理，作出合理的判决，既能够化解矛盾，解决分歧，又不至于使判决陷入非理性或武断，因此，通常是可以接受的。但是，这也说明了使用合情推理具有一定的局限性。第一，使用合情推理比使用演绎推理需要更多的技巧和艺术。演绎推理是根据充分的条件得出确定的结论，具有很强的说服力，只要前提真，推理形式有效，结论就是必然的。即使当事人可能因结果不利于自己存在抵触情绪，也不可能提出强有力的反驳理由。而对于合情推理，因为结论本身就是基于不充分的前提作出的，所以其说服力就弱一些。当事人能否接受判决结果不仅是借助于逻辑的力量，还需要从多个方面，如情感上、社会伦理道德、利益的衡量计算、公共政策，甚至是权威的威慑、压服等进行说服。第二，合情推理具有严格的适用范围。由于基于合情推理得出的结论不是必然的，所以只适用于对证明标准要求不高的一些案件，而对于证明标准要求较高的刑事案件等，通常不使用合情推理。对于当事人不愿意进行调解的案件，通常也不宜使用合情推理。从这个意义上讲，法院调解的主要逻辑基础就是合情推理，而合情推理也主要只适用于调解案件。

合情推理的模式有多种多样，根据其说服力的“来源”，通常可以包括诉诸情感、诉诸权威、诉诸实践、诉诸因果、诉诸规则、诉诸个案、诉诸目标——成本衡量的合情推理等不同的类型。当然，这些方法彼此间是相容的，可以在一起案件中使用多种合情推理方法。

> 王中与张万两家是世交，一直在生意上合作经营。2003 年 4 月，张万因病去世后，王中要求张万的妻子和两个儿子分配与张家合伙经营期间的利润 35 万元。张家以账目不清为由，一直没有给付。为此，两家闹上了公堂。一审法院经两次审理，判决张家母子三人给付王中 35 万元利润款。三被告不服提出上诉。
>
> 沈阳中级人民法院审理此案时，法官姜梅了解到该案中合伙期间的账目在原告起诉前曾被张家借走 48 本，后一直未归还。此次审理中，三被告仅提供了 25 本账目且账目混乱、残缺不全，原告要求分得的 35 万元利润无法与原始账目核对；而合伙人张万已去世，三被告对合伙经营期间的具体状况又不清楚，致使纠纷持续近 4 年之久。
>
> 法官姜梅主持调解时，双方就给付款的金额差距很大。在此

情况下，法官与当事人分别沟通，而后又请来了双方都信任的张家的一个长辈亲属，做双方的工作。至此，双方的差距还有3万元左右。多次调解，让法官看到了希望。12月中旬，法官主持第5次调解。姜法官特意引导双方去回忆当初合伙时互信互助的情景，让他们去回忆张万病重期间，原告背着老人出席张家儿子的婚礼的场景。特别提到张万病重期间，为不使张万了解自己身患绝症的情况，在多人提醒原告应与张万本人把账算清的情况下，原告没有听从劝说，不忍心与张万清算合伙期间的账目，才导致出现这场拖了近4年的官司。经过温情的引导劝说，张家触动很大，双方终于达成了张家给王家17万元合伙期间利润款的调解协议。张家儿子最后表示，王家孩子在国外留学，以后他会照顾原告老两口的生活。一起长达4年的积案，在法官的调解下，19天内结案。[1]

本案法官“请来了双方都信任的张家的一个长辈亲属，做双方的工作”，使用的就是诉诸权威的推理方法。而“特意引导双方去回忆当初合伙时互信互助的情景，让他们去回忆张万病重期间，原告背着老人出席张家儿子的婚礼的场景。特别提到张万病重期间，为不使张万了解自己身患绝症的情况，在多人提醒原告应与张万本人把账算清的情况下，原告没有听从劝说，不忍心与张万清算合伙期间的账目，才导致出现这场拖了近4年的官司”，使用的是诉诸情感的合情推理方法。

传统逻辑常常把诉诸情感、诉诸权威的合情推理视为一种有缺陷的推理，甚至是谬误。而实质上这是对人性的一种异化。人皆有其情感的一面，有其七情六欲的需要。通过情感的共鸣和感染所实现的说服虽然具有一定的局限性，但是毕竟比通过演绎推理得出的结论更有“人情味”，在对它进行合理限制之后，不妨把它视为一种有效的论证方法。合情推理诉诸的权威可以源于多个方面，如学术权威、技术权威、道德权威等，他们都在相关领域具有一般人所不具有的优势，他们或者更可能正确，或者更可能客观，或者更接近于特定主体的立场，因此，他们的观点主张通常具有更强的说服力。[2]

---

[1] 王野郊、于冰冰：“和风化干戈 2006 沈阳法院经典调解案例回顾”，载 http：//www. nen. com. cn/77994956827918336/20070112/2125571. shtml。

[2] 每种推理模式自有其各自的推理规则，但限于篇幅原因不能详细论述。本书第三部分主要采编于由本人撰稿的《审案的逻辑艺术》（徐明良、张传新主编，中国法制出版社 2009 年版）第十章。

第九章　冤案成因探究之求同思维

有法律，便会有冤案。这与一个国家的性质和法治发达程度并无必然联系。因为徒法不足以自行，每一个案件的审理都依赖于法律人的逻辑与经验，尤其是基于历史、文化、时事政策、价值理念等因素所塑造的思维模式，往往决定了法律人处理案件时的思维方向、法治理念、证据取舍与判断。假如一个国家的法律体系、程序制度构成了该国法律运行的硬件，那么，法律人的思维就是法律运行的软件，它们往往决定了法律制度的功能能否被很好地实现，也决定了一个案件是否能够得到良好地审理，决定了正义是否能够得到伸张。我国传统上把法律作为社会控制的一种工具。基于这一强大的信念，当恶性案件发生构成对社会秩序的威胁时，往往在打击犯罪的强烈信念下，突破各种法律体系、制衡监督制度，整个法律体系的不同部门之间，各个部门行使其各自职责时都表现为一种强烈的求同思维模式。通常情况下，当发现冤案后，我们习惯于检讨制度的缺陷漏洞，指责办案人员或徇私枉法或敷衍塞责。但事实上，导致冤案屡屡发生的原因往往并不是不存在相应的法律规范和制度，而是规范和制度根本上没有得到很好的遵守和落实，因此制定再多的法律也无异于隔靴搔痒，并不能从根本上防范冤案的发生。办案人员似乎也恪尽职守，并非存在明显的不良意识、动机，而表现为无心之过。在这种情况下，审视冤案背后的逻辑和经验与对司法制度的检讨对于促进法治进步、防范冤案的产生具有同样甚至更为重要的现实意义。

本章以张辉、张高平叔侄十年冤案（因该案发生于 2003 年 5 月 18 日，按照公安部门通行说法，下文统称为“5·18”案件）为例，分析其内在的错误逻辑，以求对办案过程中的求同思维及其背后的制约因素有更深入认识。

一、“5·18”案件简介

2003年5月19日，杭州市公安局西湖分局接报，报案人称当日10时许在杭州市西湖区一水沟内发现一具女尸。警方很快确认尸源是安徽人王冬。经查5月18日晚9时，王冬的家人将王冬托付给要去上海拉货的张辉、张高平（二人为叔侄关系，以下简称张氏叔侄或二张），请他们顺路将王冬带到杭州打工。5月19日凌晨1时30分到达杭州市天目山路汽车西站附近，王冬借用张高平的手机打电话给朋友周某要其前来接人，而周让王冬自己乘出租车先到钱江三桥后再与其联系。二张的车正好也要经过钱江三桥，于是王冬继续搭乘二人的车至钱江三桥附近。这是王冬打出的最后一个电话，警方也是根据此电话线索以及卡车进入杭州的高速路口收费站监控录像，锁定张辉、张高平叔侄为犯罪嫌疑人。

2004年2月，杭州市人民检察院以张辉、张高平涉嫌强奸罪向杭州市中级人民法院提起公诉，指控张辉与张高平共谋，在驾驶室内，张辉实施强奸，张高平帮忙揿住王某的腿脚。在实施强奸的过程中，张辉掐住王某脖颈，致其死亡。2004年4月21日，杭州市中级人民法院基于以上指控事实，以强奸罪分别判处张辉死刑、张高平无期徒刑。二人不服一审判决提起上诉，2004年10月19日，浙江省高级人民法院二审一方面采信了杭州市中级人民法院认定的全部犯罪事实，另一方面又将构成“累犯”“应当从重处罚”的张辉改判死缓，理由是“鉴于本案的具体情况，张辉尚不属于须立即执行死刑的罪犯”。

二张入狱服刑后，以自己绝无强奸杀人而不断申诉长达数年，但并未引起杭州市公安、司法机关重视，直至2011年11月，一家媒体报道了该案，并提出了六大疑点，引起舆论沸腾，浙江省委政法委成立了评查组，该案的复查工作才得以启动。发现从此案被害人身上提取的DNA物证与因他案已经被定罪执行死刑的某罪犯DNA高度吻合。这一重大新证据的出现，推翻了该案原一、二审“证据确实充分、犯罪事实清楚”的结论，也使王冬被害案的真凶浮出水面。2013年3月20日，浙江省高级人民法院对张辉、张高平一案依法再审。3月26日，浙江省高院公开宣判，认为有新的证据证明，此案不能排除系他人作案的可能，原一、二审判决据以认定案件事实的主要证据，不能作为定案依据。据此，依照《中华人民共和国刑事诉讼法》之规定，撤销原审判决，宣告张辉、张高平无罪。

该案暴露出来的明显漏洞触目惊心。

其一，法院启动再审，看似源自出现所谓“新的证据”：受害人身上的DNA经鉴定与它案罪犯勾某某高度吻合，不排除其作案可能。然而，这既非新的证据，也非新的结论。案件侦查之处，法医对死者王冬所做的DNA检验报告称，在王冬的8个指甲末端检出混合的DNA谱带，由死者与一名男性的DNA谱带混合形成，“排除由死者和犯罪嫌疑人张辉或张高平的DNA谱带混合形成”。但是，这份鉴定报告却并未作为证据在一审时受到重视。二审对此重要证据也是简单地一笔带过：本案中的DNA鉴定结论与本案犯罪事实并无关联，不能作为排除两被告人作案的反证。

其二，杭州警方在此案侦查中，存在严重违反程序、非法取证的嫌疑。(1）根据杭州市公安局西湖区分局的“情况说明”，张辉于2003年5月23日被抓获后刑拘，5月29日才被送进看守所。这一做法明显违反《公安机关办理刑事案件程序规定》第145条“对被拘留、逮捕的犯罪嫌疑人、被告人应当立即送看守所羁押”的规定，说明张辉在5月29日之前的6天里，一直处于非法关押状态，这期间形成的口供笔录、审讯录像，本应视作非法证据排除，但一审时被认定为张辉犯罪的主要证据的一份口供，恰巧形成于5月28日。(2）形成于5月28日的这份口供，所记时间为18时10分至18时58分，在这48分钟里，侦查人员竟完成了长达12页、共计数千字的笔录。而据律师介绍，同期的审讯录像显示，当天对张辉的审讯从上午一直持续到次日凌晨0时以后。(3）根据警方提供的材料，6月11日，警方对张辉做了两次现场指认和两份询问笔录，时间分别为10时57分至11时53分、14时46分至15时05分；12时20分至16时0分、12时30分至14时50分。这意味着，当天14时46分至14时50分，张辉一人同时出现在作案现场和两次不同的审讯现场共三个地点，而在此前、此后更长的时间里，同一个张辉至少同时出现在两个不同的地点。

其三，杭州市公安局西湖分局刑侦大队的书面材料中显示，张氏叔侄驾驶的货车进入侦查视野，正是由于警方查看了杭州市某镇收费站的监控录像。根据录像，这辆“可疑货车”驶入杭州市的时间为5

月19日凌晨1时16分许。叔侄两人的委托律师前往沪杭高速路出口调阅监控录像时，却被管理人员告知，由于超出了两个月的保留期限，录像已被销毁。为了证明张氏叔侄有作案时间，侦查人员进行了多次侦查实验。但为何办案机关不直接调取监控录像，而是不惜成本进行侦查实验？并且，如张高平所言，案发时驾驶的超载货车与侦查实验时的空车在驾驶时间上会产生较大的误差。

其四，在本案中，一审判决书中共罗列了26项证据，其中5项是关于死者位置、衣着、死因、遗物等的描述；9项是死者王冬的行程、通讯等情况的证明；9项是张氏叔侄户籍背景、抓捕情况、指认现场、货车及侦查实验等相关情况的阐述；其余3项则是定案最为关键的证据，即张辉、张高平承认奸杀被害人的口供，同监关押的袁连芳证明曾听到过张辉提及犯罪事实的书面证言，以及杭州市公安局西湖分局刑侦大队证实从未对张辉、张高平刑讯逼供的情况说明。表面上看，本案形成了证据链条，多项证据相互印证。但仔细分析，本案多达26项证据中，仅有张氏叔侄的口供属于直接证据，没有任何目击证人或实物证据，在强奸案件中普遍采用的DNA证据也没有呈堂；其余证据中证明力最高的仅有未经法庭质证的袁连芳的书面证言，并且其证言是被告人供述的传来形式，实际形成了以被告人供述进行自我补强的局面，原则上无法与本案直接证据相互印证。由此可见，本案中并没有形成有效的证据链条。

其五，即使作为定案依据的二张的口供对强奸过程的供述存在多处不一致，律师归纳了两人口供中的七处矛盾。(1) 前往作案现场的行车路线说法不一。(2) 作案现场的车辆行驶停放情况不明。张辉供述到达现场是先将卡车掉头，然后实施了强奸行为；张高平却说是在作案后将车继续往前开。(3) 有关抛尸的情节叙述不一致。侄子说是叔叔从车上递下来的尸体，他一人扛着扔进了水沟；叔叔却说，是侄子抬上身，他抬脚，一起将尸体抛至水沟。(4) 具体作案情节供述不一致。张辉供述：他先脱去了王冬的裤子，再脱了其上衣，张高平在卡车后排睡觉，从后排伸手过来按住了王冬的脚。而张高平的说法是：张辉先脱了王冬的上衣，然后是裤子，强奸时自己是坐在副驾驶座上用双手按住了王冬的脚。但一审判决书却写道："张辉、张高平在侦查、批捕阶段多次供述奸杀王冬的经过，具体细节一一吻合。"

其六，狱侦耳目袁连芳的身份及其证言备受质疑。袁连芳于2001年5月因贩卖淫秽制品牟利罪被浙江省杭州市拱墅区人民法院判刑6年。后因“多次调派‘外地’协助公安机关‘工作’”获得减刑，第一次减刑1年半，第二次减刑10个月，于2004年9月出狱。基于袁连芳的身份和“工作”性质，人们称其为狱侦耳目，其立功表现至少与两起命案有关。2003年春节后，他被关押到了河南省鹤壁市看守所，与当时鹤壁市下辖的浚县发生的一起灭门血案嫌疑人马廷新同监。按马被无罪释放之后的说法，自己是在不堪折磨后，听从了袁连芳的“诱导”，才同意“自首”的。那份自首材料也是出自袁连芳的手笔。2004年4月，袁连芳又现身杭州市拱墅区看守所，与张辉同监关押。法庭上，张辉说，当时一进15号房，“号长”袁连芳就问：你干了什么事情？张回答说没犯什么事。袁说，我都知道你干了什么事，你从安徽带来一个女孩子，把人家强奸了、杀了。袁还将在哪里杀的、在哪开车掉头、扔包扔在哪里都说得清清楚楚。张辉一惊：自己都不知道的事，袁竟然知道得这么详细。而这只是开始。为了让张辉认罪，袁指挥另外两个人对其进行殴打。张辉每次提审回来后，都要对袁复述，说“错”了就被打，次日按“正确”的说。“指认现场”之前，袁连芳连夜给他画“线路图”，张辉说路线不熟，有些路根本没听说过。袁还画了好几遍让他记牢，后来张辉正是根据袁连芳画的图“指认现场”，前后指认了三次，第三次才“正确”。

二、“5·18”案件中的求同思维

然而，更令人深思的是以上漏洞并非是在案件重审时才被发现的，在案件侦查、预审、起诉、一审、二审，以及后来长达近十年的申诉过程中，二张及其辩护律师等人一直对以上疑点提出质疑，但就是没有引起相关部门重视并纠正错误。我们有必要进一步审视该案背后的具体的逻辑。

在日常思维中，我们往往基于某些迹象、经过经验判断会形成一个初步推断，对相关现象作出相应的解释，这类推断的认知性质实质上是一个假说，也就是说它可能被后来更多的证据证实，也可能被证伪。但是，我们往往会倾向于证实它，此种认知倾向我们称为求同思维模式。求同思维又称聚合思维、辐合思维、集中思维，是指在解决问题的过程中，尽可能利用已有的知识和经验，把众多的信息和解题的可能性逐步引导到条理化的逻辑序列中去，最终得出一个合乎逻辑规范的结论。求同思维是问题求解的一种基本思维形式，却又极有可能被错误运用。这是因为其具有定向性、印证性、确定性等特点。分析该案之所以存在如此漏洞，却能在侦查、起诉、审理各个部门一路畅通，并且历经十年方被纠正，其背后的求同思维的错误倾向不无关系。

1. 基于信念认同的错误思维定向

当罪案发生后，司法机关开始所面对的是一个具有多种可能性的开放世界，首先要做的是积极发现破案线索和证据，认真观察并作出判断，找出其中关键的现象，并对之梳理、筛选、综合、统一，以建构、还原案件事实。在此过程中并没有确定的逻辑模式可资依赖，更多的是基于经验的启迪性和敏锐性，在案件的侦破过程中初期尤其如此。但经验认知常常又是不可靠的，具有高度的可错性，即使对于一个相对简单的案件，由于案件发生的时效性、隐蔽性，犯罪嫌疑人的有意对抗，以及人类认知理性的局限性等主客观方面的限制，案件的侦破和审理往往并不是一个简单完成的任务。基于经验的求同思维更易形成错误的思维定向，把人们引入歧途。尤其是抱有命案必破的强烈信念时，对于最早指向的嫌疑人往往形成有罪推定的偏见并深信不疑。

“5·18”案件发生后，经警方查证，死者生前最后一次进食的时间为5月18日23时35分许，杭州市刑事科学技术研究所出具的《对于5·18案件中尸体胃内容的消化时间剖析》分析认为，死者死亡的时间应在“两小时之内”，即5月19日1时35分之前。但张辉、张高平首次被警方询问时，曾表示直至19日凌晨2时30分死者下车前，三人一直在一起。警方因此认定“二张反映情况不实，有重大嫌疑”。

2. 基于求同倾向的印证逻辑

因为基于经验的思维方向可能出现错误，所以需要进一步地发现证据并对其验证和筛选。在侦查阶段主要是通过预审实现这方面的功能。1979年《刑事诉讼法》把预审和侦查、拘留等并列写入公安机关职能。1979年公安部制定的《预审工作规则》规定，预审人员的职责是，查明嫌疑人有罪或者无罪，查明犯罪情节的轻重，正确地认定犯罪性质和罪名，检验核实侦查所获的罪证材料是否确凿，“保证不放纵敌人，不冤枉好人”。1996年《刑事诉讼法》修订时明确，“公安机关经过侦查，对有证据证明有犯罪事实的案件，应当进行预审，对收集、调取的证据材料予以核实”。按照浙江省公安厅徐定安的说法，预审承担的是破案后、移送起诉前对相关证据材料审核把关并形成诉讼卷宗的职能。按照规则，预审人员对被捕的嫌疑在24小时以内，必须进行审讯，“对证人所陈述的事实，应当问明来源和根据”；对嫌疑人的申诉和嫌疑人提出的反证，都要认真查对处理。预审员在发现不应该逮捕时，还应立即报告领导人予以释放。但此环节往往受到先行认知的干扰，从而表现出强烈的印证倾向，选择性地赋予新发现的证据以意义性质解读，并对遗留在犯罪现场的痕迹、物品、尸体等实物证据可能提供的反证缺乏敏感性。

首先，对于参与侦破、起诉和审理的司法人员往往存在对嫌疑人有罪假定的心态，急于求得嫌疑人的认同。把嫌疑人的辩解视为狡辩、对抗，认罪态度不好。例如，在该案中主持预审工作的被称为“女神探”的聂海芬曾言：“预审是跟人打交道，跟人打交道是困难的，应该说还是比较有挑战性，我能够跟你的交锋当中，我能够制服你，有些案子不明白的地方，通过我的工作以后，能够搞明白，我觉得这也是一个比较有意思的工作。”[1] 2006年4月13日，中央电视台第12频道“第一线”栏目推出“浙江神探”系列报道之“无懈可击——聂海芬”。节目讲述了聂海芬参与侦破“5·18奸杀案”时，如何在没有找到任何物证的情况下，通过“突审”，让“惊魂未定”的张氏叔侄交代“犯罪事实”，进而从“细节”入手，获得了“无懈可击”的证据。在节目中，聂海芬说：“人刚刚到案，处于惊魂未定的状态下，经过突审，开口了，两个人都讲了。”[2] 而这里所谓的“突审”，被张辉、张高平一致认为是刑讯逼供。

其次，对于有利于被告人的证据往往视而不见或者给出别样解读。在刑事诉讼中，只有对被告人有罪的证明达到了排除其他可能性的程

---

[1] “无懈可击——聂海芬”，载央视国际2006年5月15日，http：//www. cctv. com/program/dyx/20060515/103263. shtml。

[2] “无懈可击——聂海芬”，载央视国际2006年5月15日，http：//www. cctv. com/program/dyx/20060515/103263. shtml。

度，法官才能作出有罪裁判。也就是说，只有在证明被告人无罪的证据全部被推翻或得到合理解释的情况下，法官才能作出有罪判决。对此，侦查机关往往对证明被告人无罪的证据有意或无意忽略，而对于被告人的辩护，审判机关也往往并不深究，只求有一份解释即可过关。有记者在上述报告中看到，因各人身材情况不同，在消化时间的推断上会有“较大误差”。而对这一“较大误差”存在的可能性，杭州市公检法机关均未予以重视。另外，负责该案预审工作的聂海芬起码发现了有三处不利于定罪的“破绽”：（1）“从尸体上找不到这上面的痕迹，也就是没有犯罪嫌疑人的精斑等。不仅如此，在12吨解放大汽车驾驶座上实施的强奸，技侦人员同样没有在车上查到任何痕迹物证。”聂海芬在节目中说：“结果很遗憾，几乎把整个车厢都翻遍了，找遍了，没有能找到这方面的痕迹物证。”（2）犯罪嫌疑人的口供没有证据支持，令人沮丧的还不止这一点，法医提取了死者的指甲做DNA鉴定，结果发现，王冬的手指甲里留有男性的DNA，可是这份DNA却与两名犯罪嫌疑人无关。（3）二张的口供存在明显的不一致和矛盾之处。“侄儿讲，他实施强奸的时候，是在汽车的前排当时叔叔是在后排。那么叔叔的讲法，他说实施强奸的时候，他们三个人同时都在前排。第二点，犯罪嫌疑人张辉讲，实施强奸的时候，把被害人的上衣全脱了，而他的叔叔讲，只脱了裤子，衣服没有脱。”❶

应该说侦查机关还是做了相对细致的工作的，按照其同事吴伟（杭州市公安局西湖公安分局警察）所说：“她对这些细节的要求，应该说已经到了苛刻的程度。”❷ 第一，聂海芬决定先查证有没有第三个嫌疑人，在她的指导下，侦查员先后三次去了安徽，做了大量工作，试图查找王冬指甲内物质的主人，结果一无所获。当这些工作不能排除有第三人作案的可能性的合理怀疑时，意味着虽不能从逻辑上排除二张嫌疑，但在法律上应当成为反驳定罪的有力证据。但是，他们有意或无意地忽略了有利于嫌疑人的调查结果，使其最终却不了了之，这说明他们的工作存在着明确的目的性和主观倾向性。

---

❶ “无懈可击——聂海芬”，载央视国际2006年5月15日，http：//www.cctv.com/program/dyx/20060515/103263.shtml。

❷ “无懈可击——聂海芬”，载央视国际2006年5月15日，http：//www.cctv.com/program/dyx/20060515/103263.shtml。

第二，在二张的口供中提到抛尸时听到了水声。为此他们进行了广泛调查，甚至到当地气象局取证，当得到肯定的印证后，认为犯罪嫌疑人讲得更加客观了。

第三，聂海芬建议采取嫌疑人指认和民警现场做侦查实验的办法。安排嫌疑人做指认前，聂海芬对见证人身份提出了特别的要求，她希望见证人必须是政协委员或是人大代表，这个提议让侦查员们进一步领略到了聂海芬不凡的魄力。吴伟说：请人大代表来作为见证的话，我觉得这个是一个突破。……人大代表跟双方，甚至于参与诉讼的每一方他都没有关系，所以说这个就是非常客观，可信度非常高。聂海芬认为这样做的目的就在于保证指认的这个过程的客观真实性。“不是他作案的，他不可能说得那么细，关键就是他不能说得那么准，你在一个点上准了，你不可能每个点上都准。”❶

第四，明确意识到“死者王冬的体内找不到任何强暴的依据”为这起案子最关键的矛盾点。对此他们诉诸于请教专家，并基于专家一个概然性的解释而失去了避免错误的机会。“他也交代了有强奸的行为，但是最后没有射精，我们也请教了法医，那么法医也给我们一个解释，就是说即使犯罪，就是在这么一个抛尸的这么一个现场，有水，即使本身强奸之后体内是留下物质的，一夜的水冲过以后，也有可能把被害人体内的这些强奸的痕迹冲掉。”❷

第五，通过侦查实验确认二张作案时间上的可能性。聂海芬让民警专门找来货车司机，开着那辆解放车，从安徽到案发地，再到调头处，最后前往上海，完全按照事发经过，在尽可能接近当天各方面条件的前提下，进行侦查实验。按吴伟的说法：“她的时间都是精确到秒的，距离是精确到米的。”❸ 三四次的侦查实验作出来，结果都比较相近，那说明什么，就是当时这两个犯罪嫌疑人的交代，应该是符合

---

❶ “无懈可击——聂海芬”，载央视国际 2006 年 5 月 15 日，http：//www. cctv. com/program/dyx/20060515/103263. shtml。

❷ “无懈可击——聂海芬”，载央视国际 2006 年 5 月 15 日，http：//www. cctv. com/program/dyx/20060515/103263. shtml。

❸ “无懈可击——聂海芬”，载央视国际 2006 年 5 月 15 日，http：//www. cctv. com/program/dyx/20060515/103263. shtml。

客观事实。[1]

经过聂海芬及侦查人员的艰苦努力，基于口供形成的“客观事实”就这样拼贴而成，最终在参与办案的民警吴伟眼里“无懈可击”。“女神探”的一系列动作，让办案民警们佩服不已，也让自己心安理得。然而，几乎所有的调查都是在明显的印证逻辑的倾向下给予解释。肯定性结果被放大，否定性结果被忽略，或然性结果被作选择性解释，如受害人尸体未有被强奸的遗留物被解释为可能被水冲走。但是，在同样的情况下，体内的遗留物能被水冲走，而指甲缝内的DNA遗留物为什么没有被水冲走呢？

有一个非常奇特的细节很多人都没有注意到，就是广州《羊城晚报》记者曾拿出聂海芬照片给张氏叔侄看，二人均很确定地表示，“没见过”。记者追问有无被女警官提审过，二人均坚决否认，叔叔说“从头到尾都没有女人审过我”，南方周末记者在本案的案卷记录和一线侦查材料中，也没有找到聂海芬的名字。如果以上描述为真的话，说明在聂海芬甚至没有与嫌疑人有过直接接触，完全是凭着自己主观的思路设计预审方案，一计不成便另生一计。通过选择性地赋予认证结果的性质和意义，从而形成一条有罪的证据链条，使最初的判断不断地得到强化，从而完全背离了预审制度设计的初衷。浙江省一位公安系统人士说，预审工作包括查明案件事实和判断有罪无罪两项主要职能，“既要查找证明证据打击犯罪，又要查找反证以保障无罪的人不受刑事追究，但往往以打击犯罪为出发点”。聂海芬的问题是，只顾查实，忽略证伪。所有的方法，都是冲着证明嫌疑人有罪供述的合理性而去，“其实就是有罪推定”。而“女神探”聂海芬用以推理串联的各种细节，均基于两位嫌疑人的供述；然后，她想方设法加以印证。残酷的是，这些供述是当事人被迫捏造的。浙江省高级人民法院的判决书确认，从同监犯获取及印证原审被告人有罪供述等侦查程序和行为不合法，本案“不排除公安机关在侦查过程中有以非法方法获取证据的情况”。

最后，办案机关为强化最初的假定，往往主动获取证据，甚至不

[1] “无懈可击——聂海芬”，载央视国际2006年5月15日，http：//www.cctv.com/program/dyx/20060515/103263.shtml。

惜采用非法手段，其中最为突出的方法是刑讯逼供。通过刑讯逼供获得口供成为获得案件突破的可以说是导致许多案件误判的最重要原因。有学者对我国近年来较典型的20起刑事误判案件进行统计，发现“有多达11起案件（高达55%）存在警察违法取证，隐瞒、伪造证据，甚至阻止证人作证的现象。在这11起案件中，有5起（25%）案件存在警察采用违法手段，包括采用暴力或其他手段迫使证人作伪证的现象；有5起（25%）案件存在警察造假，如伪造物证，伪造证人证言等现象；有3起（15%）案件存在警察阻止证人作证的现象；有1起（5%）案件存在警察对证人进行贿赂，诱导证人提供对犯罪嫌疑人不利的证言的现象；有1起（5%）案件存在警察故意隐瞒对犯罪嫌疑人有利的证据（物证）的现象；有1起（5%）案件存在侦查人员在辨认时对被害人进行暗示和诱导的现象。”❶ 如此普遍的现象，已很难用个案中个别执法人员的能力素质或者主观意志等偶然因素作解释，必然存在着更深层次的制度或观念上的误区。我国历史上存在着合法刑讯的传统，但随着近现代国家的建立，采用刑讯逼供等非法方法收集的证据被已经明确应当予以排除。新《刑事诉讼法》第54条规定：“采用刑讯逼供等非法方法收集的犯罪嫌疑人、被告人供述和采用暴力、威胁等非法方法收集的证人证言、被害人陈述，应当予以排除。”于是办案机关还需要进行证据转化。本案中，办案机关安排袁连芳作为狱侦耳目促使张氏叔侄作出有罪供述目的就在于使刑讯逼供获得的证据合法化。

3. 基于结果认同的纠错机制失效

由于主客观因素的限制，任何一个法律体系都不可能绝对避免冤案的出现，但一个成熟的司法制度能够敏锐地发现所犯的错误并及时纠正。然而，张辉、张高平叔侄冤案长达十年才得以纠正，其过程也是一波三折，绝非如美国检察官吉姆·佩特罗《冤案何以发生》一书里所描述的情节那样简单：一份DNA样本出现，真凶浮现，因奸杀案被定罪的男子沉冤得雪。

2005年初，服刑期间的张高平从电视中看到一名浙江大学女学生

---

❶ 陈永生：“我国刑事误判问题透视——以20起震惊全国的刑事冤案为样本的分析”，载《中国法学》2007年第3期。

乘坐出租车被害的新闻。张高平发现此案凶手勾某某的“作案手法”与其自身案件的作案手法十分类似，并且王某说是要打出租车然后才被害，也与勾某某为出租车司机的身份也许具有某种联系。他怀疑王某也是被勾某某所害。据此向公安机关报告了自己的怀疑，并要求将勾某某的DNA与王某指甲内的混合DNA进行比对。此后的事实证实了张高平的怀疑，但在当时，这一怀疑未被重视。

2008年5月，张辉、张高平入狱5年，河南鹤壁一起灭门血案当事人马廷新无罪获释。出狱后的马廷新在接受媒体采访时表示，自己在狱中所写的“自首书”，出自一位与警方关系密切的“牢头狱霸”袁连芳之手。袁连芳的名字立刻勾起了叔侄二人的回忆：2003年“5·18”案发生后，逼迫张辉写下认罪材料的同监犯的名字也叫“袁连芳”，该案一审的判决书记载，袁连芳曾出具证言，证明张辉曾在看守所内自陈强奸致人死亡的过程。张高平迅速将情况汇报给驻监检察官。但是，驻监检察官及二张家属的不断反映并没有引起浙江相关司法部门的重视，甚至没有做上诉登记。

直到2011年11月，一家媒体报道了该案，并提出了六大疑点，引起舆论沸腾，浙江省委政法委成立了评查组，该案的复查工作才得以启动。经公安部和浙江省两级公安机关物证鉴定部门的分析比对，该DNA材料终于被鉴定出与2005年震动杭州城的女大学生被害案凶手勾××的DNA高度吻合，正因为如此，张辉、张高平案才迎来了关键性转折。

有学者以20起震惊全国的刑事冤案为样本，对刑事案件中冤案纠错进行了分析，发现“20起冤案中，没有一起是司法系统主动发现原审判决事实不清、证据不足或发现新的证明被告人无罪的证据而主动纠正的，所有案件都是因极其偶然的因素而得以纠正。具体而言，因出现真凶而被纠正的有17起，占85%；因故意杀人案中被害人‘复活’而被纠正的有3起，占15%。而出现真凶或被害人‘复活’在日常生活中是如此的罕见，主要以此为纠正错案的线索，这不能不让人对我国刑事司法系统的纠错能力感到忧虑。”[1]

4. 基于求同思维的制衡机制失效

该案引起人们制度性思考的一个根深蒂固的问题是，为什么在相

[1] 陈永生：“我国刑事误判问题透视”，载《中国法学》2007年第3期。

关程序立法明确，制衡机制、所涉部门并不缺少，可还是会一个环节一个环节地“接力”错误，让甚至不难发现的不公不义成立，让无辜者蒙冤？

权利制衡是当代政治、法律运行的一个基本原则。《刑事诉讼法》第7条规定：“人民法院，人民检察院和公安机关进行刑事诉讼，应当分工负责，互相配合，相互制约，以保证准确有效的执行法律。”关于各专门机关的分工，我国《刑事诉讼法》第3条作了明确规定：“对刑事案件的侦查，拘留，执行逮捕，预审，由公安机关负责。检查，批准逮捕，检察机关直接受理的案件的侦查，提起公诉，由人民检察院负责。审判由人民法院负责。”

抗诉权或者批捕权都是刑事诉讼法赋予检察机关的基本职权，是检察机关履行司法职责的方式。在本案中，虽然检察机关两次以事实不清为由两次拒绝提起公诉，退回侦查机关重新侦查。但最终在侦查机关并没有提交新的有力证据，并提出充分理由的情况下还是提起了公诉。

审理是定罪量刑的一个基本环节，也是澄清事实、发现纠正侦查、公诉环节可能存在瑕疵、漏洞、错误的关键环节。罪刑法定是我国司法审判的一项基本原则。1996年《刑事诉讼法》第46条、第162条分别规定：“对一切案件的判处都要重证据，重调查研究，不轻信口供。只有被告人供述，没有其他证据的，不能认定被告人有罪和处以刑罚；没有被告人供述，证据充分确实的，可以认定被告人有罪和处以刑罚。”“在被告人最后陈述后，审判长宣布休庭，合议庭进行评议，根据已经查明的事实、证据和有关的法律规定，分别作出以下判决：（一）案件事实清楚，证据确实、充分，依据法律认定被告人有罪的，应当作出有罪判决；（二）依据法律认定被告人无罪的，应当作出无罪判决；（三）证据不足，不能认定被告人有罪的，应当作出证据不足、指控的犯罪不能成立的无罪判决。”[1] 也就是说，对于检察

[1] 此为1996年《刑事诉讼法》，这两条规定在2012年《刑事诉讼法》中分别调整为第53条、第195条，其中第53条对原条文作了一处修改，进一步明确了刑事案件的证明标准，规定认定“证据确实、充分”的条件为：“（一）定罪量刑的事实都有证据证明；（二）据以定案的证据均经法定程序查证属实；（三）综合全案证据，对所认定事实已排除合理怀疑。”

机关提起的公诉存在三种可能的结果：判决被告人有罪、无罪，以及基于疑罪从无的原则判定无罪。这就要求审判机关平等对待各方意见，公正、客观地审查所有证据。然而在本案中，司法机关显然没有很好地履行自己的职责。在本案的一审、二审中，辩护律师明确指出了侦查、检察机关的指控以及一审法院裁判中存在的问题，证明犯罪嫌疑人、被告人是无罪的，但其意见没有受到应有的尊重。

这说明公检法之间重配合、轻制约的现状，是一个不能忽视的因素。人民检察院、人民法院、公安机关是一种合作与制约共存的关系。面对刑事犯罪行为，发挥各自作用，将犯罪分子绳之以法，是为互相配合。而互相制约，则是指其中某个环节出现认定或判断错误，都可以通过批捕权、抗诉权、再审权等权力的运用，避免与正义、真相相违的决定出现。现在的问题是，公检法三方普遍强调合作，不少检察院和法院建立起沟通、协商机制，无形中弱化了制衡机制，甚至限制了制衡机制发挥作用的可能性。

三、求同思维的制度性根源及改进

冤案的发生对于任何一个法治国家和社会都是耻辱和悲剧，每有冤案被披露，往往成为社会关注与讨论的焦点。或探究制度、机制的缺陷与不足，以求亡羊补牢之根本；或痛扁冤案制造者之邪恶，为求一己私利而置法律道德于不顾。然而，有一类冤案成因却往往被人所忽略，即冤案制造者并非存有直接不当之动机，而是基于心目中惩恶扬善、实现正义的强大信念标准和经验认知模式，先做某当事人为有罪假定，然后下意识地筛选定案的有利证据，忽略、过滤不利的证据，以证成该当事人确实有罪的结论。事后看来，如此办案确有太多纰漏，存在违反制度规范的明显错误，但在冤案形成过程中却很难被清醒意识到而避免和纠正。此类冤案最为根本的成因并不是制度漏洞，因为如果能够严格遵守已有制度规范，冤案通常可以避免。并且，也不是因为办案人员存在明显不良动机，因而事后办案人员被追究责任也往往感到委屈与不服——委屈在好心办坏事，不服在案件的错误在公检法司的流程中一路畅通，并未受到有效制约。在“5·18”案件中充当重要角色的聂海芬并没有被查出存在直接的徇私枉法等主观恶意，作为杭州市公安局刑侦支队六大队大队长，其专门负责重大恶性刑事案件的预审办案工作。曾荣获杭州市公安局两次三等功，并被授予全国“三八”红旗手荣誉称号。其座右铭为“不放过一个坏人，不冤枉一个好人”。

随着我国社会主义法律系统的初步形成，尽管制度建设在理论上作为未竟事业仍需继续努力，但更急迫的是制度的落实与遵守，动辄将制度不完善作为冤案成因并不能解决僭越制度的现实，并且泛化的制度批判反而消解着法治的权威与稳定，不利于对制度的遵守。而对于冤案制造者而言，他们也可能同样是冤案的牺牲者，也并非仅用事后追责就一了百了，如何探究导致冤案发生的逻辑缺陷，提高其办案理性，避免“好心”办坏事的悲剧发生还需要更多有效途径。

从以上分析可以看出，有罪推定、刑讯逼供等之所以横行，皆可理解为司法机关办案心切，导致求同思维被滥用。但思维方式之形成并不能完全归咎于个人恶念，近年来屡屡被曝光的冤假错案情况，一方面说明我国法治建设确实取得了长足进步，另一方面也说明“5·18”案件并非偶然，其背后的社会、历史、文化传统值得反思。

1. 以维稳为核心的社会控制仍是法治的首要目标，各种制衡制度的失效

考察漫长的中国历史，社会控制占据着一个核心地位。“中国人在漫长的历史过程中创造了一个复杂、独特的法律体系。这一庞大的法律体系是土生土长的；只是在19—20世纪它才受到其他国家的一些法律理论的影响。”“儒家学说的中心目标是建设一个管理良好的社会：一个由等级森严的社会组织和政治组织所构成、由贤明睿智的皇帝所领导的受过良好教育的文官系统自上而下加以控制的社会。这种社会最大的优点在于社会和政治的稳定。”基于对该目标的追求，“存在着政治和意识形态方面的强大压力，要求保持社会的高度一致”。“在一个奉儒家学说为正统思想的国家中用以维持社会和政治稳定的各种控制手段。它们包括禁止和藏禁兵器、对所有犯上行为的严厉惩治（尤其对那些使用暴力的行为）、对经济活动和宗教活动的限制，以及思想控制的各种手段包括禁止‘讼棍’干涉诉讼的活动。”

在以社会控制为中心目标的观念下形成了完全不同于西方的法治理念，“西方的法律移植被认为是上帝或自然的某种更高级命令在人间的体现，而法家的法律只代表了统治的命令。”新中国成立后，国家、社会性质有了根本的改变，“儒家学说的正统地位在中国已被推翻多年，但在本世纪的前几十年中，本书加以概括的那些社会和政治模式却继续影响着中国社会。事实上，它们的影响甚至在今天也还没有完全消失”。打击犯罪和保障人权是现代刑事诉讼价值的两个维度，但在具体的司法过程中，执法、司法人员往往重打击而轻保护。另外，我国沿袭了苏联式的职权主义诉讼模式，强化了“超职权主义”的诉讼模式。改革开放的三十多年一方面使我国的经济有了迅速的发展，但急剧变化的社会关系也导致了各种社会矛盾的积累和激化，“维稳”成为各级政府组织、各部门的首要解决的问题。基于该目标的合理正当性，刑讯逼供、非法羁押、无罪从有等各种非法手段似乎也取得了合理的解释。该法律理念已成为我国法治发展的一个重要障碍，虽然社会主义法律体系已初步形成，各项规章制度也在不断完善，但相关制度和规范很难在实践中得到真正落实，法治的专业化、职业化发展依然步履维艰，马克斯·韦伯曾言：“法律朝反形式主义方向发展，原因在于掌权者要求法律成为协调利益冲突的工具。这种推动力包括了要求以某些社会阶级的利益和意识形态代替实体正义；还包括政治权力机关如何将法律目标纳入其理想轨道；还包括‘门外汉’对司法制度的要求。”[1] 这几种原因在我国都存在，尤其以稳定为目标的社会控制的诉求过于强大，从而导致各项制度形同虚置。

2. 基于身份认同差等对待诉讼主体

法律面前人人平等是现代法治的一个基本理念。但是，传统熟人社会所形成的阶层识别、对立观念依然根深蒂固。公检法部门虽然在制度设计上明确了其相互制约的基本原则，但其工作人员受类似的生活经历、教育背景、工作关系等因素的影响，形成了联系更为密切的“职业共同体”或称“熟人圈子”。受传统“学而优则仕”的官本位思想影响，他们都自视为“公家的人”，把工作关系中的协同合作视为成人之美的美德，把相互制约视为使绊子、找茬。相对于制度的严格要求，他们更珍视彼此间密切的合作关系，把维持团队的和谐关系视为个人发展的一个重要条件，进而形成了错综复杂的内部“潜规则”。

---

[1] ［德］马克斯·韦伯：《论经济与社会中的法律》，张乃根译，中国大百科全书出版社 1998 年版，第 317 页。

这些潜规则构成了强大的心理压力，使他们很难独立履行自己的职责。在工作中，他们潜意识里会进行身份识别、区别对待。对于体制内的人，发现了案件存在的漏洞、缺陷也往往不会主动指出来，即使对于明显的错误，只要对方态度坚定也不会坚持，或者只要给出一个看似合理的解释即可蒙混过关。而把案件中的相对主体视为“专制”“被统治”的对象，有罪推定、刑讯逼供之所以屡禁不止，这同他们身份识别的观念密不可分。在前面提到的研究中，该学者发现“从被告人的职业结构来看，20 起冤案中，身份为农民的有 11 起，占 55 %；身份为工人、城镇居民、个体工商户的有 5 起，占 25 %。另外 4 人中，有两人是警察，两人在企业任职，级别均不高。如果按照中国当前社会阶层结构的划分，这 20 起冤案的被告人全部处于社会地位较低的后 6 个阶层。据统计，社会地位较高的前 4 个阶层大约占中国全部人口的 10 %，但在笔者研究的 20 起案件中，这 4 个阶层一起冤案都没有，这表明在我国刑事司法实践中，社会地位较高的阶层通常受到了相对更为公正的对待。虽然公正对待社会地位较高的阶层并无不当，但歧视对待社会地位较低的阶层以及由此所反映的执法和司法的‘嫌贫爱富’无疑值得警惕”❶。该学者将这一现象归结为“被告人大多处于社会底层，经济收入较低”。❷ 但事实上，经济收入低，可利用的诉讼资源有限，如聘请不起更好的律师并不符合其研究的另一个统计事实，“实际情况并非如此，甚至完全相反。其一，这些冤案的被告人绝大多数都有律师提供辩护。虽然在我国司法实践中，刑事案件被告人委托律师辩护的比例很低，很多地方只有 20 % 左右，但就本文研究的 20 起刑事冤案而言，可能由于被告人确系冤枉，希望洗清罪嫌的愿望非常强烈，并且被告人涉嫌的都是重罪，可能被判处重刑甚至死刑，因而委托辩护律师的比例非常高。具体而言，在 20 起冤案中，除 2 起案件因收集的资料不足，未能查出是否有律师外，另外 18 起案件被告人都有律师提供辩护。其二，这些冤案的辩护律师基本上都是由被告人或其近亲属聘请的。本来，按照我国刑事诉讼法的规定，被告人可能被判处死刑的，人民法院应当为其指定辩护律师，而就前述 18 起有

---

❶ 陈永生：“我国刑事误判问题透视”，载《中国法学》2007 年第 3 期。

❷ 陈永生：“我国刑事误判问题透视”，载《中国法学》2007 年第 3 期。

律师提供辩护的案件而言，只有4起不符合这一条件，也就是说，有14起案件在没有辩护人时，法院应当为被告人指定辩护人，但从实际来看，只有1起案件是由法院指定的辩护人，另外13起案件，都是由被告人或者其近亲属委托的辩护人”❶。在本案中，二张在一审、二审、再审中都聘请了律师，这些律师也都较好地履行了自己的职责，指出了案件在侦查、起诉和审理中种种漏洞，并进行了强力辩护。但是这些辩护并没有得到应有的重视。案件是在被媒体曝光，形成了舆论的强大压力后，相关部门才不得不自上而下地启动了再审程序。这使我们不得不承认，公检法似乎已经形成了一个牢固的利益相关共同体。在民众眼中，公检法工作人员都是官，官官相护是冤假错案屡屡发生的一个根本原因。

3. 我国传统思维方式倾向于认同而疏于求异

思维方式，是指“在人类社会发展的一定阶段上，思维主体按照自身的特定需要与目的，运用思维工具去接受、反映、理解、加工客体对象或客体信息的思维活动的样式或模式”。❷ 思维方式随历史的积淀而形成，但一旦形成就具有较稳定、持久的惯性，极大地影响甚至决定着特定社会中的主体认知把握对象的角度、内容、方法、程序，以及评价标准等，从而也通过思维主体的思想和行为决定着一个社会制度的运行。悠久的历史、独特的生态环境、相对独立的物质文化生活等因素塑造了中国人具有自己鲜明特点的思维模式，如重直觉轻逻辑、重实质轻形式、重意向轻中立等。这些思维模式的特点具有认知求同的倾向，从而即导致了冤案的产生，又使冤案难以被发现和纠正。

（1）重直觉轻逻辑导致无法对办案过程进行精确分析评估。直觉思维是认知主体基于经验对认知对象的直接、大致的想法。其优点在于其启迪性和便捷性，可以利用过去和前人积累的经验，对事物的基本属性、范畴归类、价值意义作出初步的理解和判断，因此丰富的经验积累对于确定思维方向、选择思维内容具有重要意义。在司法过程中，法律人通过对当事人的描述、证据的初步考察，发现案件线索、关键点，确定案件的性质，规划进一步的思维路线具有重要意义。其

---

❶ 陈永生：“我国刑事误判问题透视”，载《中国法学》2007年第3期。

❷ 高晨阳：《中国传统思维方式研究》，山东大学出版社1994年版，第3页。

缺点在于具有较大的模糊性和极强的定向性。其模糊性表现为对认知主体的认知过程和结果难以作精确的分析和评估；其定向性表现为一旦直觉形成则会对后续的思考产生较强的导向作用，难以发现并纠正可能出现的错误。以上两点的结合导致的批判性思维的缺失，成为“盲从”和“迷信”的根源。故休谟认为：“一切从经验而来的推论都是习惯的结果，而不是运用理性的结果。”❶ 直觉思维是我国最主要的传统思维模式之一，导致我们在思考问题时，重视对事物能够有效地作出初步的判断，却又忽视作质和量的分析；精于直觉概括，却又疏于概念分析和严密推理，因而难以把握对象的各具体要素，在推理时难免出现牵强附会。因此，要对直觉思维作出进一步的分析和评估，还必须借助于逻辑思维。

逻辑思维，是指认知主体在认识过程中借助于概念、判断、推理等思维形式能动地反映客观现实的理性认识过程。逻辑思维的作用在于基于真的前提，通过有效的推理模式必然得出真的结论。这里的真可作更广泛的理解，如合法、合理、正当性、可接受性等，即通过有效的推理形式，将前提的真、合法性、合理性、正当性、可接受性等传递给结论，从而证明结论的真等性质，此乃为什么逻辑推理具有普遍的论证力的原因。另外，逻辑的更普遍的作用在于明确的推理规则保证了思维的可分析性、建构性和可判定性，从而成为法治运行的确定性、一致性和公平性。因此，逻辑成为固法的可靠工具。❷ 但是，逻辑思维也有其在法律领域中应用的局限，可能导致法律的机械、僵化的运行。因而，自 19 世纪后期，以现实主义、后现代主义为代表的法学理论便充斥着对法律逻辑作用的予以否定的各种批评。

从理论的角度看，直觉思维与逻辑思维都是法律思维的重要模式。但是，相对于法治对确定性、稳定性、公平性、一致性的价值追求，逻辑思维具有更大的意义。尤其是对于我国重直觉轻经验的传统，重视逻辑思维应是更策略的选择。然而，我国的一些法学家和法律事务工作者却跟着西方法学家的调子，也在批判法律中对逻辑的运用。我

---

❶ ［英］休谟：“人类理智研究”，载北京大学哲学系外国哲学史教研室编译：《西方哲学原著选读》（上卷），商务印书馆 1981 年版，第 527～528 页。

❷ 陈金钊：“逻辑固法：对法律逻辑作用的感悟”，载《重庆工学院学报》（社会科学版）2007 年第 7 期。

们说这些批评是在西方逻辑思维已经高度发达，甚至导致唯逻辑思维的背景下的矫正。而我国法律人的逻辑思维远没有英美以及欧陆各国的法律人那么明确和坚定。本已先天不足，又遭后天的否定、批判，法律人逻辑思维意识和能力单薄已成为阻止我国法治建设的重要障碍。在本案中，侦查机关根据相关线索确定二张为嫌疑人，这样的作为本不存在错误。错误之处在于随后的预审、起诉、审理过程中，没有清醒地意识到这种基于经验形成的判断具有极大的可错性，需要通过逻辑分析、评估，或进一步发现证据、强化证据链条，或根据发现的否定性证据修正初始的假定，重新组织侦查、起诉和审理。而非基于对经验的认同，选择性地发现证据和意义解读，导致一错再错。

（2）重实质轻程序导致难以避免冤案中明显的逻辑错误。由于缺乏有效的逻辑工具，我国传统的法律思维难以确立严格的逻辑规则、法律规则作为对思维过程、要素作精确分析、评价的标准和有效的约束。尤其在追求政治效果、社会效果、法律效果高度统一的压力下，我国法律人的思维是一种平民式的追求实质目标而轻视形式过程的思维。这种思维方式可称为实质性思维，与形式性思维相对。具体表现为法律人在法律与情理关系上往往倾向于情理义法的高度统一，甚至置天理、人情于法律、逻辑之上。

这种思维模式导致，一方面不顾情理法之间存在的分歧，甚至冲突，片面追求不可实现的法律目标，反而导致极其低级的逻辑错误。“我们‘仲尼之徒’一向是注重‘以德为政’的。毫无法理常识的‘青天大老爷’动不动就来他个‘五经断狱’。断得好的，则天理、国法、人情、良心俱在其中；断得不好的，则来他个‘和尚打伞，无法（发）无天，满口革命大道理，事实上则连起码的逻辑也没有了。”❶

另一方面，疏于学习、掌握细致的法律方法。“没有方法论的自觉训练，的确可以凭借职权断案，但常断不明案，当事人每每不服。这固然有时是判断者的价值观出了问题，如徇私枉法，如因循守旧，却也大量表现为技艺不行。法学是一门充满实践理性的学科，魅力主要不在于坐而论道，构建价值，因为其他学科也共担这种使命，而在

---

❶ 转引自唐德刚：《胡适口述自传》，华文出版社 1992 年版，第 127 页注释 23。

于通过规范把价值作用于事实，做出外有约束力，内有说服力的制断技艺。”❶

（3）重意向轻中立的思维模式导致难以自我发现、纠正办案中的错误。客观、中立地执行、适用法律是保证法律公正的一个基本前提。这就要求法律人在办案过程中尽可能地避免掺杂个人的情感、价值偏好等非理性因素，因而思维过程中主客体的分离也是一项必要的手段。但在传统思维模式中，我们表现为强烈的主体意向性。在事实判断中，把主体自身作为宇宙的中心，强调“万物皆备于我”；在价值判断中，把知、情、意融合在一起。从而以主体意向统摄客观事实；以政治判断统摄真假是非；以道德判断作为价值判断。从本案中可以看出，侦查机关为案件侦破还是做了不少努力。但其主观目的主要不是探明事实真相，而是基于职责所在向社会给出一个交代。不但不顾及事实认定形式上的正当性，甚至抛弃法律形式上的证据事实，而以直观的模糊性思维去判断案件事实，发现所谓的事实上的客观真相对于民众而言也更看重这样一个结果，对于其所用之方法和形式，则很少有人关注或提出质疑。这也就是为什么该案件虽然多家媒体曾经报道，但历经公检法仍然如此裁判的深层根源。

❶ ［英］恩迪科特：“论法治的不可能性”，陈小林等译，载《比较法研究》2004 年第 3 期。

参考文献

（以本文首次引用为序）

一、中文文献

[1]［古希腊］亚里士多德．修辞学［M］．罗念书，译．上海：上海人民出版社，2005．

[2]［美］理查德·A．波斯纳．超越法律［M］．苏力，译．北京：中国政法大学出版社，2001．

[3]［美］理查德·A．波斯纳．法官如何思考［M］．苏力，译．北京：北京大学出版社，2009．

[4]［美］理查德·A．波斯纳．法理学问题［M］．苏立，译．北京：中国政法大学出版社，1994．

[5]［德］考夫曼．后现代法哲学［M］．米健，译．北京：法律出版社，2000．

[6] 梁慧星．裁判的方法［M］．北京：法律出版社，2003．

[7]［英］哈特．法律推理问题［J］．刘星，译．法学译丛，1991（5）．

[8]［德］马丁·克里勒．法律获取理论［M］．张清波，译．http：//www.law－star.com/bbs/cac/200066432－1.htm．

[9] 陈林林．裁判的进路与方法［M］．北京：中国政法大学出版社，2007．

[10]［荷］伊芙琳·T．菲特丽丝．法律论证原理［M］．张其山，焦宝乾，夏贞鹏，译．北京：商务印书馆，2005．

[11] 贺卫方．中国古代司法判决的风格与精神：以宋代判决为基本依据兼与美国比较［J］．中国社会科学，1990（6）．

[12] 王洪．司法判决与法律推理［M］．北京：时事出版社，2002．

[13]［美］斯蒂文·J．伯顿主编．法律的道路及其影响［M］．张芝梅，陈旭纲，译．北京：北京大学出版社，2005．

[14] 沈宗灵．现代西方法理学［M］．北京：北京大学出版社，1992．

[15]［德］阿图尔·考夫曼，温弗里德·哈斯默尔主编．当代法哲学和法律理论导论［M］．郑永流，译．北京：法律出版社，2002．

[16]［比］佩雷尔曼．法律推理［A］．朱庆育，译．陈金钊，谢晖．法律方法（第2卷）［C］．山东人民出版社，2003．

[17] 谢晖，陈金钊．法理学［M］．北京：高等教育出版社，2005.
[18]［美］E. 博登海默．法理学——法律哲学与法律方法［M］．邓正来，译．北京：中国政法大学出版社，1999.
[19] 陈金钊．法治与法律方法［M］．济南：山东人民出版社，2003.
[20]［苏］库德里亚夫采夫．定罪通论［M］．李益前，译．北京：中国展望出版社，1989.
[21] 熊明辉．论证评价的非形式逻辑模型及其困境［J］．学术研究，2007（9）.
[22] 熊明辉．非形式逻辑的对象及其发展趋势［J］．中山大学学报（社会科学版），2006（2）.
[23] 张志铭．法律解释操作分析［M］．北京：中国政法大学出版社，1999.
[24] 阮松．西方的非形式逻辑运动与我国逻辑学的走向［J］．南开大学学报（哲社版），1996（6）.
[25] 刘星．法律是什么［M］．北京：中国政法大学出版社，1998.
[26] 李振江主编．法律逻辑学［M］．郑州：郑州大学出版社，2004.
[27] 郝建设主编．法律逻辑学［M］．北京：中国民主法制出版社，2006.
[28]［英］麦考密克．法律推理与法律理论［M］．姜峰，译．北京：法律出版社，2005.
[29] 河南大学《普通逻辑学》编写组．普通逻辑学［M］．北京：中国国际广播出版社，1993.
[30]［美］鲁格罗·亚狄瑟．法律的逻辑——法官写给法律人的逻辑指引［M］．唐欣伟，译．北京：法律出版社，2007.
[31] 陈金钊．法律推理及其对法治的影响［A］．陈金钊，谢晖．法律方法（第3卷）［C］．山东人民出版社，2004.
[32]［德］施太格缪勒．当代哲学主流（下卷）［M］．王炳文，王路，燕宏远，李理，等，译．北京：商务印书馆，1992.
[33] 周北海，毛翊．一个关于常识推理的基础逻辑［J］．哲学研究，2003 增刊.
[34] 张莉敏．义务冲突的道义逻辑研究［D］．天津：南开大学，2006.
[35] 陈波．逻辑哲学［M］．北京：北京大学出版社，2005.
[36]［古希腊］柏拉图．理想国［M］．郭斌和，张竹明，译．北京：商务印书馆，1986.
[37] 余俊伟．道义逻辑研究［M］．北京：中国社会科学出版社，2005.
[38] 张清宇．弗协调逻辑［M］．北京：中国社会科学出版社，2003.
[39] 晋荣东．逻辑何为——中国逻辑的现代性反思［M］．上海：上海古籍出版社，2005.
[40]［德］罗伯特·阿列克西．法律论证理论［M］．舒国滢，译．北京：中国法制出版社，2002.

[41] 陈金钊. 把法律作为修辞——认真对待权利话语 [J]. 山东大学学报（哲学社会科学版），2012（1）.
[42] 陈金钊. 把法律作为修辞——讲法说理的意义及其艺术 [J]. 扬州大学学报（人文社会科学版），2012（2）.
[43] 陈金钊. 把法律作为修辞——法治时代的思维特征 [J]. 求是学刊，2012（3）.
[44] 陈金钊. 认真对待法律逻辑与正义修辞 [M]. 法学，2010（2）.
[45] 陈金钊. 中国法治需要进入方法论时代 [M]. 时代法学，2011（3）.
[46] 辞海（缩印本）[M]. 上海：上海辞书出版社，1980.
[47] [美] 詹姆斯·博伊德·怀特. 作为修辞之法律，作为法律之修辞：文化和社群生活之艺术 [A]. 程朝阳，译. 陈金钊，谢晖. 法律方法（第11卷）[C]. 济南：山东人民出版社，2011.
[48] 张肖雯，徐庆超编译. 语言影响人类的内在偏好 [J]. 中国社会科学报，2010（3）.
[49] 范进学. 法律与道德——社会秩序的规制 [M]. 上海：上海交通大学出版社，2011.
[50] 徐亚文，伍德志. 法律修辞——语言游戏与判决合法化 [J]. 河南政法干部管理学院学报，2011（1）.
[51] 陈金钊. 运用逻辑固化法治思维的基础 [A]. 张传新. 自适应道义逻辑与法律推理研究 [M]. 济南：山东人民出版社，2011.
[52] [美] 伊曼纽尔·沃勒斯坦. 知识的不确定性 [M]. 王晶，等，译. 济南：山东大学出版社，2006.
[53] [美] 库尔特·M. 桑德斯. 作为修辞之法律，作为论证之修辞 [A]. 程朝阳，译. 陈金钊，谢晖. 法律方法（第10卷）[C]. 济南：山东人民出版社，2010.
[54] 龙宗智. 刑事判决应加强判决理由 [J]. 现代法学，1999（2）.
[55] 叶自强. 论判决理由 [A]. 湘江法律评论（卷3）[C]. 长沙：湖南人民出版社，1999.
[56] 王利明. 司法改革研究 [M]. 北京：法律出版社，2000.
[57] 傅郁林. 民事裁判文书的功能与风格 [J]. 中国社会科学，2000（4）.
[58] 苏力. 判决书的背后 [J]. 法学研究，2001（3）.
[59] 贺欣. 法院推动的司法创新实践及其意涵 [J]. 法学家，2012（5）.
[60] [德] 罗伯特·阿列克西. 法·理性·商谈——法哲学研究 [J]. 朱光，雷磊，译. 北京：中国法制出版社，2011.
[61] 葛洪义. 法与实践理性 [M]. 北京：中国政法大学出版社，2002.
[62] [美] 理查德·保罗，琳达·埃尔德. 批判性思维 [M]. 乔苒，徐笑春，

译. 北京：新星出版社，2006.

[63] 舒国滢. 寻访法学的问题立场 [J]. 法学研究，2005 (3).

[64] 张保生. 法律推理的理论与方法 [M]. 北京：中国政法大学出版社，2000.

[65] 谢晖. 论民间规则与司法能动 [J]. 学习与探索，2010 (5).

[66] 田成有，李懿雄. 乡土社会民间法与基层法官解决纠纷的策略 [J]. 现代法学，2002 (1).

[67] 武宏志，刘春杰主编. 批判性思维 [M]. 西安：陕西人民出版社，2005.

[68] 王野郊，于冰冰. 和风化干戈 2006 沈阳法院经典调解案例回顾 [J]. http://www.nen.com.cn/77994956827918336/20070112/2125571.shtml.

[69] 徐明良，张传新主编. 审案的逻辑艺术 [M]. 北京：中国法制出版社，2009.

[70] 无懈可击——聂海芬 [J]. 央视国际，http：//www.cctv.com/program/dyx/20060515/103263.shtml.

[71] 陈永生. 我国刑事误判问题透视——以 20 起震惊全国的刑事冤案为样本的分析 [J]. 中国法学，2007 (3).

[72] [德] 马克斯·韦伯. 论经济与社会中的法律 [M]. 张乃根，译. 北京：中国大百科全书出版社，1998.

[73] [英] 休谟. 人类理智研究 [A]. 北京大学哲学系外国哲学史教研室编译. 西方哲学原著选读（上卷）[C]. 北京：商务印书馆，1981.

[74] 陈金钊. 逻辑固法：对法律逻辑作用的感悟 [J]. 重庆工学院学报（社会科学版），2007 (7).

[75] 唐德刚. 胡适口述自传 [M]. 北京：华文出版社，1992.

[76] [英] 恩迪科特. 论法治的不可能性 [J]. 陈小林，等，译. 比较法研究，2004 (3).

二、外文文献

[1] Ch. Perelman& L. Olbrechts－Tyteca. The New Rhetoric：A Treatise on Argumentation [M]. Notre Dame University Press.

[2] Stephen Toulmin. The Uses of Argument [M]. Cambridge University Press. 1958.

[3] Jaap Hage，Studies in Legal logic [J]. Springer，Vol. 70，New York 2005.

[4] Peter Wahlgren，Legal Reasoning，Legal Theory，The Stockholm University Law Faculty，2000.

[5] Jerzy Stelmach，Bartosz Brozek. Methods of Legal Reasoning.

[6] Henry Prakken and Giovanni Sartor，The Role of Logic in Computational Models of Legal Argument：A Critical Survey，http：//www.cs.uu.nl/staff/henry.html.

[7] Jan Broersen，Leon van der Torre，Ten Problems of Deontic Logic and Normative

Reasoning in Computer Science. Dagstuhl Seminar Proceedings 07122 Normative Multi – agent Systems [J]. http://drops.dagstuhl.de/opus/volltexte/2007/941.

[8] Sartre, Jean – Paul, Existentialism Is a Humanism, Trans, Philip Mairet, in Walter Kaufmann (ed.), Existentialism from Dostoevsky to Sartre [M]. New York: Meridian.

[9] Sinnott – Armstrong, Walter. Moral Dilemmas [M]. Oxford: Basil Blackwell. 1988.

[10] Ruth Barcan Marcus. Moral Dilemmas and Consistency [J]. Journal of Philosophy 72 (3). 1980.

[11] Lou Goble. Normative Conflicts and The Logic of "Ought" [J]. NOU S 43: 3 (2009).

[12] M. E. Coniglio. Logics of Deontic Inconsistency [J]. Revista Brasileira de Filosofia 233: 2009.

[13] S. Kanger. New Foundations for Ethical Theory, in Hilpinen (ed.) Deontic Logic: Introductory and Systematic Readings (D. Reidel, Dordrecht), 1971. (Originally published in 1957).

[14] Lou Goble. Multiplex Semantics for Deontic Logic [J]. Nordic Journal of Philosophical Logic, 5 (2000).

[15] Lou Goble. Preference Semantics for Deontic Logic. Part I: Simple Models, Logique et Analyse 183 – 184 (2003).

[16] Lou Goble. Preference Semantics for Deontic Logic. Part II: Multiplex Models. Logique et Analyse 185 – 188 (2004).

[17] Lou Goble. A Proposal for Dealing with Deontic Dilemmas. A. Lomuscio and D. Nute (Eds.): DEON 2004, LNAI 3065, 2004.

[18] Lou Goble. A logic for Deontic Dilemmas [J]. Journal of Applied Logic 3 (2005).

[19] Diderik Batens. A Universal Logic Approach to Adaptive Logics [J]. Logica Universalis, 1: 221 – 242, 2007.

[20] Christian Straβer. An Adaptive Logic Framework for Conditional Obligations and Deontic Dilemmas [J]. Presented at the WCP4, Melbourne, 2008.

[21] Christian Straβer and Joke Meheus. Adaptive Versions of the Deontic Logics DPM [J]. Presented at CLMPS 2007, Beijing.

[22] Chaim Perelman. The New Rhetoric and the Humanities [M]. London: D. Reidel Publishing Company, 1979.

[23] Juan Carlos Bayón. Why Is Legal Reasoning Defeasible. In A. Soeteman (ed. by) Pluralism and Law [M]. Kluwer Academic Publishers, 2001.

玛珈山法政文丛书目

1. 孙希尧　著　国际海事私法统一研究：条约角度
2. 弭　维　著　道德之维：自然法和法律实证主义视角下的德法关系研究
3. 刘　洋　著　现代政治价值体系建构：西方国家的探索之路
4. 孙卓华　著　乔治·弗雷德里克森的公共行政思想研究——以社会公平思想为主线
5. 范广垠　著　政府管理主体的行为互动逻辑
6. 马艳朝　著　制度规则与公共秩序：当代中国信访违规行为的惩罚问题研究
7. 张景明　著　和谐理念下环境法律关系研究
8. 武　飞　等著　社会主义法治理念与法律方法研究
9. 赵　沛　著　政治与社会互动：西汉政治史的视角
10. 孙光宁　等著　网络民主在中国：互联网政治的表现形式与发展趋势
11. 王瑞君　著　量刑情节的规范识别和适用研究
12. 刘　军　著　性犯罪记录制度的体系性构建——兼论危险评估与危险治理
13. 张传新　著　实现法治的逻辑基础研究